SİLİKON BANKER

Teknoloji ve Ekonomik Dönüşüm Üzerine Denemeler

Bookarion

SİLİKON BANKER

Teknoloji ve Ekonomik Dönüşüm Üzerine Denemeler

Doç. Dr. Caner ÖZDURAK

ISBN: 978-625-97040-1-2
e-ISBN: 978-625-97040-2-9

Mayıs 2025

Editör
Tuğba ATAMTÜRK

Yayın Koordinatörü
Dr. Dilek KURBAN

Akademik Danışman
Doç. Dr. Elvan ATAMTÜRK

Kapak, Sayfa Tasarımı & E-Kitap
Bookarion Görsel Sanatlar

Bookarion

Seyrantepe Mah. Gökdeniz Sok. No:15/3
34413 – Kâğıthane – İstanbul – Türkiye
www.bookarion.com info@bookarion.com

bookarion bookarion bookarion bookarion bookarion
bookarion bookarion bookarion bookarion bookarion

Bookarion® *ve* **Bookarion Scholar®**, *Smart and Start Akıllı Finansal Çözümler Yönetim Danışmanlığı ve Yayıncılık A.Ş. yayın markalarıdır...*

Teknoloji ve
Ekonomik Dönüşüm
Üzerine Denemeler

SİLİKON BANKER

Doç. Dr. Caner ÖZDURAK

Bookarion

ÖNSÖZ

Doç. Dr. Caner Özdurak çalışkan ve üretken genç bir akademisyen. Kartezyen bakış açısına sahip analitik düşünce yapısıyla ürettiği çalışmalarında akademik formasyonu yanında iş hayatındaki deneyimlerinin de sağladığı zenginlik var. Bunun yanına bir de kıvrak zekası, mizah gücü ve çizerlik yeteneği eklendiğinde okurları onun kitaplarını keyifle okuyor ve bekliyor.

Özdurak'ın ürettikleri kimi zaman 750 sayfalık Türkiye Ekonomisinin Yeni Yüzü kitabındaki olduğu üzere nitelik ve nicelik itibarıyla "tuğla gibi", kimi zaman makalelerinde olduğu gibi "sağlam" akademik eserler oluyor. Öte yandan kimi zaman da İktisat Kantini ya da Grafiktisat kitaplarında olduğu gibi ekonomik ve finansal durumları yeni kuşakların ilgisini çekerek anlatmayı ve aktarmayı (ve öğretmeyi) hedeflediği formatta karşımıza çıkıyor. Gözde deyişle "genç okur dostu" bir formatla önemli bilgileri okurunu sıkmadan aktarma amacı söz konusu, başarıyor da. Her iki farklı sunumunun altyapısıysa sağlam bir araştırma ve akademik temeller üzerine kurulu.

Özdurak'ın göze çarpan özelliklerinden biri de öğrendiği ve bildiğiyle yetinmeyip bir adım ötesini de yakalamaya çalışan tutumu. Deneyim ve birikimini sadece akademik dünyayla sınırlı tutmayıp, iş dünyasında profesyonel olarak yer alıp kendini geliştirmesinin sonuçları ürettiklerine de yansıyor.

"Silikon Banker" yukarıda adı geçen İktisat Kantini ve Grafiktisat kitaplarına devam niteliğinde bir çalışma. İş dünyasına, finans piyasalarına yeni adım atmış, atmak üzere olan ve / veya kendilerine bu mecralarda kariyer patikası çizenlere hem bilgi veriyor, hem de güncel olayları gelecek için kayda geçiriyor. Gelecek kuşaklara da "tarih tekerrürden ibarettir" şeklinde bilinen popüler ifadenin doğrusunun "tarihin değil, hataların tekerrürü" olduğunun notunu düşüyor.

2020'lerin ilk yarısını kayda geçirirken sinema dünyasından seçmelerle bezeyen, bu yönüyle de özgün bir yapıt olan "Silikon Banker" içeriğiyle "tuğla gibi" bir kitap. Gelecek yıllarda bugünleri anlamak için kıymetli bir belge.

Alp E. Aksudoğan
12.04.2025

İÇİNDEKİLER

GİRİŞ

Baştan uyarmak isterim; İktisat Kantini ve Grafiktisat'ı okuyanlar belki bu *twist*'lere daha talimli olabilirler ama kitabın başlangıcı ile bitişi arasında birkaç ışık yılı fark olacak. İlk iki kitapta açık söylemem gerekirse arzu ettiğim *devrimi* gerçekleştiremedim. Gerçi İktisat Kantini 2023 yılında 17. Yaşama Değer Katanlar Ödülleri'nde Hassas Ekonomi ödülüne layık görülse de tatminkâr bir azınlık kitlenin dimağında yer edinebildi.

Giderek Teoman'ın Ben, Zargana, Deus Ex Machina albümü gibi kendi külliyat tatminim için yaptığım bir işmiş hissiyatı verirken Silikon Banker ile üçlemeye devam etmek yerine "Borsada Nasıl Zengin Oldum?", "Yarım Peçete Kullanarak Nasıl Erken Emekli Oldum?" gibi kitaplar yazmayı da düşünmedim değil fakat aşırı popülerleşen sosyal medya ikonası "ekonomistlerin" dönüştüğü personaları gördükten sonra zaten kendimin de pek ciddiye almadığı bu nüktedan hezeyana ivedi son verdim.

Aslında İktisat Kantini ve Grafiktisat'tan sonra güncel zaman çizelgesinden devam etmek için, Türkiye ekonomisi ve özellikle son on yılda yaşadıklarımız yazmak ve çizmek için gereğinden fazla malzeme sağlıyordu; fakat bu tahmin edebileceğiniz üzere Silikon Bankeri'in öncülü bu iki kitabın muhalif ve yıkıcı DNA'larına en naif tabiri ile bir hakaret olurdu.

Tabii ki güncel konularla hesaplaşacağız, fakat hemen sonrasında artık geleceğe kafa yoracağız çünkü *gelecek* artık çok daha hızlı ve hayal etmeye bile fırsat vermeden geliyor ve *şimdi* oluyor.

Bu kitabı da diğerleri gibi böyle kaotik bir dünyaya getirmekten biraz da suçluluk duyduğum kızım için yazıyorum, umarım bu deliliği biraz da olsa anlamasında katkım olabilir...

* * *

Genel seçimler öncesi uygulanan ekonomi deneyinde en çok eleştirdiğimiz konulardan biri faizlerin yapay bir şekilde düşürülerek enflasyonun da düşeceğine olan hatalı nedensellik inancıydı. İnanç diyorum çünkü akademik çalışmaların birçoğu bu ilişkinin bu şekilde tek yönlü olmadığını anlatmakta. Sonuç olarak uygulanan politikalar sonucu 2016'da başlayan 2018'de kur krizi ile devam eden enflasyon sorunumuz bozulan para politikası ve birçok yapısal kararın da sonucu olarak bugüne kadar geldi. Enflasyonun yüksekliği kadar formu ve yapısı da önem arz eden konulardan biri; zira teşhisi doğru koymadan doğru tedaviyi yapmak da mümkün değil. Nitekim genel seçimlerden sonra Mehmet Şimşek ve ekibinin uyguladığı, daha önce tercih edilen politikaların 180 derece tersini yapmak da bir yere kadar etkili oldu. Serumun etki süresi belli, acilden çıktık ama virüs bünyeyi henüz terk etmiş değil.

Eylül 2023'te gerçekleştirilen bir kabine toplantısının ardından yapılan açıklamada, sosyal medyanın etkisiyle birçok insanın fiyat artışlarına katıldığı belirtildi. Açıklama özetle şöyleydi: "*Enflasyonla mücadele zorlu bir süreç olsa da bu sorunu da çözeceğimize inanıyoruz. Dövizdeki artış, fiyatların yükselmesinde büyük rol oynuyor. Mağazalardaki etiketler sürekli değişiyor ve aynı ürün farklı yerlerde farklı fiyatlara satılıyor. Bu durum, fiyatların ekonomik nedenlerden çok, psikolojik bir durumdan kaynaklandığını gösteriyor.*"

Hatırlayalım; 2020 yılında Merkez Bankası Başkanı Murat Uysal'ın görevden alınması ve yerine Naci Ağbal'ın atanması piyasalarda umut yaratmıştı. Doğru hamleler yaparak enflasyonun düşeceğine ve bunun da finansal istikrara yol açacağına dair inanç hâkimdi.

Ancak bu umutlar kısa sürdü. Naci Ağbal'ın görevden alınması ve yerine Şahap Kavcıoğlu'nun atanması, Merkez Bankası'nda istikrarsızlığın artmasına ve ekonomiye olan güvenin sarsılmasına neden oldu. Sonuç olarak, 8 yıl içinde 5 Merkez Bankası Başkanı değişimi, Türkiye Cumhuriyeti tarihinde ilk kez gerçekleşti.

- Murat Çetinkaya (2016-2019)
- Murat Uysal (2019-2020)
- Naci Ağbal (2020-2021)
- Şahap Kavcıoğlu (2021-2023)
- Gaye Erkan (2023-2024
- Fatih Karahan (2024-?)

2023 genel seçimlerinden sonra ise gerçekleştirilen kabine değişikleri ve TCMB yönetim ekibi atamaları sonrası Mehmet Şimşek'in de göreve gelmesiyle beklentiler kısa bir süreliğine iyileşse de (Figür 1), arttırılan vergiler, doğal gaz ve elektrik zamları ile hissedilen enflasyonla resmi veriler arasındaki makas açıldıkça aynı ivme ile düşüş gösterdi ve beklentiler önemli ölçüde bozuldu.

Figür 1: Enflasyon Beklentileri

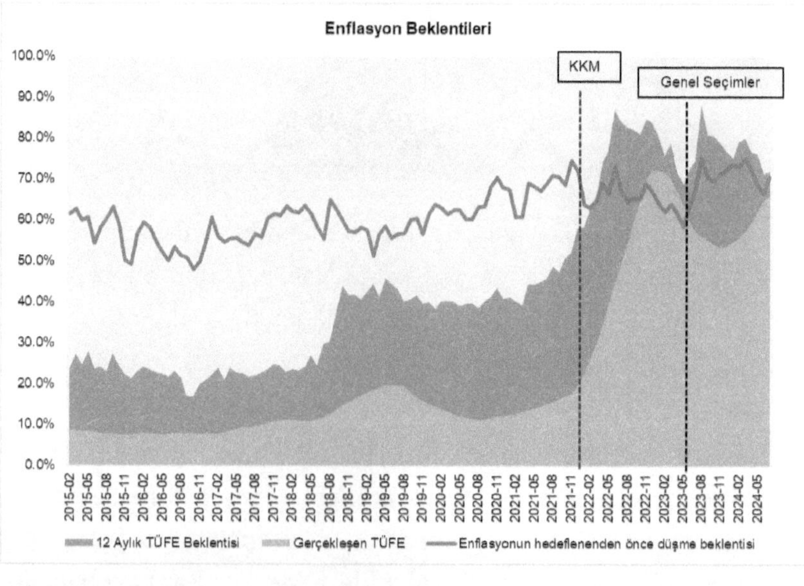

Kaynak: TCMB Verileri

Mevcut durum irrasyonel politikaların uygulandığı zamanlarda düşük maliyetli kredilerle finansal kaynak elde edebilenlerin, bu kaynaklardan daha da fazla nemalanabildikleri bir yapıdan bir tık daha iyice. Fakat yine de teşhislerin yanlışlığı ve asıl *irrasyonel politikalar köpüğünün* artık alındığı şu dönemde izlenecek ve sorunu kalıcı olarak çözebilecek politikaları uygulamak bir önceki bölüm kadar kolay olmayacak.

Moody's'in iki kademe not arttırırken raporunda yaptığı "Sıkı para politikası sürdürülebilir şekilde uygulanmaya devam eder ve maaş artışları da Merkez Bankası'nın hedefi ile uyumlu bir şekilde gerçekleşirse, Türkiye'nin kredi görünümü iyileştirilebilir," minvalindeki açıklama, yanlış teşhiste ısrar edilebileceğine dair endişelerimi kuvvetlendiriyor. Geçen sene toplam harcamanın yüzde 5,4'ünü en yoksul yüzde 20'lik kesimin, en zengin yüzde 20 ise toplam harcamanın yüzde 49,7'sini[1] gerçekleştirdiği düşünüldüğünde talebi kırmak için böyle paçal kararlar alınması "program"ın gerçekten çalışıp çalışmadığı konusunda beni ikna etmiyor.

Bu nedenle talebi kırmaya ve talep enflasyonuna, tabusal bir şekilde sıkı sıkıya bağlı kalırken; özellikle gıda başta olmak üzere arz şokları nedeniyle enflasyon spiralinde kalma riskimizi çok da az görmüyorum. Mehmet Şimşek'in hızlı vergi artışları, kimi ekonomistlere göre olması gerekenden çok daha yavaş ve az miktarda başlayan faiz artış sürecini ve Orta Doğu sermayesi ile can suyu verilmeye çalışılan yeni *rasyonel* ekonomi programı[2] sürecini, kitabın ana aksını bu girizgahla çok da saptırmamak adına çizimlerle hızlıca hatırlayalım.

1 TÜİK 2023 harcama verileri.

2 Birçok meslektaşım gibi ben de bu süreçte herhangi bir program olmadığını ve palyatif yöntemlerle maliyetin orta gelirli ve ücretli kesimin üzerine yıkıldığını düşünen taraftayım.

Sayın Bakanım, vergi artışları gündemde. Ekonomi ile ilgili görüşünüz nedir?
Ekonomi gözlerdeki Şimşek'tir.
HAZİNE VE MALİYE
ŞEFFAFLIK, TUTARLILIK
HESAP VERİLEBİLİRLİK

Hangi kabloyu
kessem patlayacak.
Kim yapmış ki bunu?
Kesme abi,
kesme
enflasyon eksi...
Politika faizi
etkisiz
Politika Faizi
Döviz
31.04.24
EKONOMİ

FAİZMATİK
$ % € ₺
25
BİR SEFERDE EN
FAZLA 25 BAZ PUAN
ARTIŞ
YAPABİLİRSİNİZ
TCMB
25 50 75
BAZ PUAN
MAKİNA SOĞUK!

Gaye "Ripley" Erkan enflasyonla mücadelede vites arttırdı...
VER ALEVİ CEVDET HOCAM!
750 BAZ PUAN

Ben de kemer
sıkıyorum değerli
arkadaşlar

Yerli ve Milli Türkiye Ekonomi Modeli

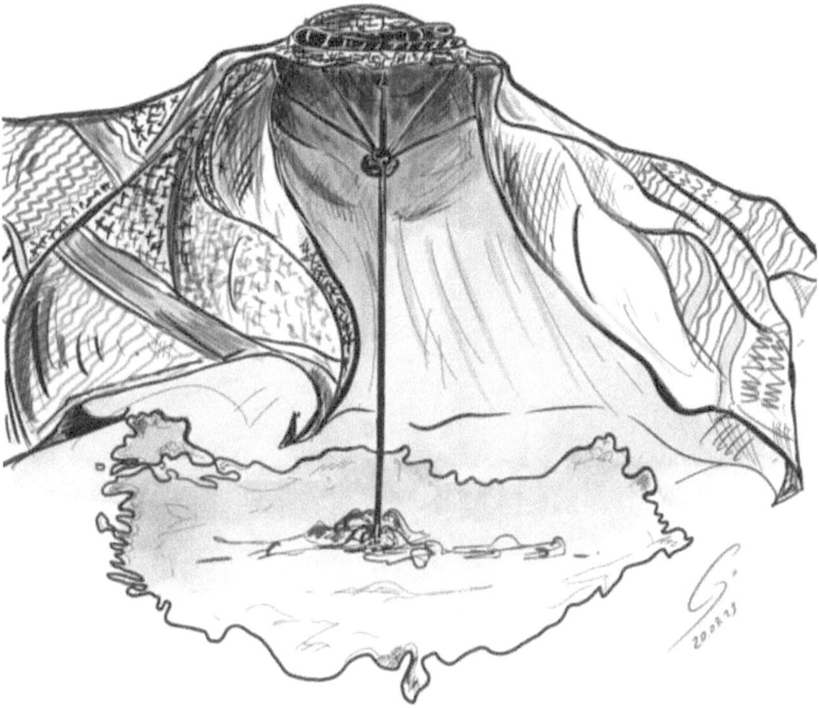

Hükümetin son 8 yıldaki alışılmadık ekonomi politikaları, geleneksel olmayan para politikası müdahaleleri ve kredi genişlemesi, belirsizliği arttırdı ve yatırımcı güvenini zedeledi. İkinci olarak, genel seçimlere kadar ve sonrasında yaşanan siyasi ortam, yatırımcıların sıklıkla politika değişiklikleri veya ekonomik önceliklerde kaymalar beklemesi nedeniyle ek volatilite yarattı. Bu faktörlerin birleşimi, kısa vadeli yatırımlara olan talebi artırarak, kısa vadeli tahvillerin ve dolayısıyla faiz oranlarının yükselmesine katkıda bulundu. Sonuç olarak ekonomi çıkmaza girdiğinde ve nakde sıkıştığında Orta Doğu sermayesi sıklıkla başvurulan bir kaynak hâline geldi.

Programlarla ilgili her ne kadar eleştirilerim baki olsa da sadece para politikası ile enflasyonunun kalıcı bir düşüş patikasına oturması zaten mümkün değildi. Maliye politikalarının ise cılız denemeleri enflasyonun en önemli faktörlerinden biri olan ataleti yeterince hızlı bir şekilde düşürmede yetersiz kaldı. Enflasyonun 2018 yılından itibaren (hatta 2016'ya kadar uzanan) başlayan bir sürecin sonucu ve arz-talep geri beslemesi içerisinde bir spiralde olduğundan daha önceki kitap ve makalelerimde çokça bahsetmiştim.

Diğer yandan hisse senedi piyasasındaki yatırımcı sayısı 2019'da sadece 1,2 milyon iken 2023'te 7 milyonu aştı. Hesaplarında 1 milyon TL ve üzeri bulunan yatırımcılar 2019'da toplam yatırımcıların %1'ini oluştururken, 2023'te bu oran %2'ye yükseldi (Figür 2).

Bu dönemdeki en çarpıcı konu, hisse senedi yatırımcılarının temele yayılması, diğer bir deyişle, büyük kurumsal yatırımcıların küçük yatırımcılar tarafından ikame edilmesiydi. 2020'den sonra halka arzların (IPO) patlaması küçük yatırımcıların dikkatini çekerken, halka açılan şirketlerin hisse senedi performansları BIST 100 şirketlerinin 5 katı oldu. BIST 100 endeksi son 5 yılda %913 getiri sağlarken, IPO endeksi %5003 kazandı. Reel faiz oranlarının özellikle 2021 sonrası negatif seviyelere düşmesiyle birlikte, yatırımcıların daha yüksek getiri arayışı halka arzların (IPO) talebini önemli ölçüde artırdı.

Figür 2: Borsa İstanbul Yatırımcı Profili

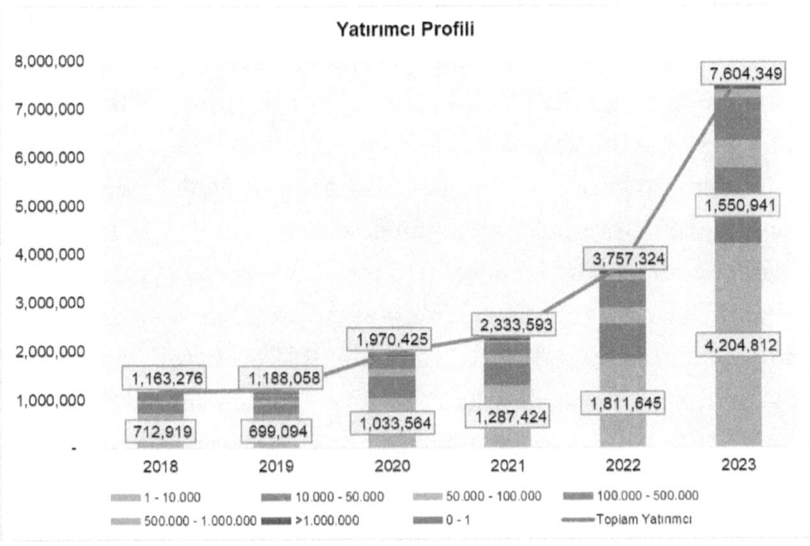

Kaynak: MKK Verileri

Ek olarak 2019 yılından sonra yatırımcı sayısı, işlem hacmi ve Borsa İstanbul endeksindeki önemli artış, inşaat maliyetlerindeki artışla aynı zamana denk gelmekte. Bu korelasyon, öncelikle yükselen enflasyon oranlarıyla ilgili çeşitli faktörlere bağlanabilir. Enflasyon para biriminin satın alma gücünü aşındırdıkça, yatırımcılar genellikle değer kazanması beklenen hisse senetleri ve gayrimenkul gibi varlıklara yatırım yaparak servetlerini korumaya çalışır. Borsa İstanbul'un artan popülaritesi, yatırımcıların hisse senedi piyasasının büyüme potansiyeline olan güveninin bir yansıması olarak görülebilir. Enflasyon yaşam maliyetlerini yükselttikçe, bireyler enflasyona karşı korunmak ve potansiyel bir kira getirisi kaynağı olarak gayrimenkule yatırım yapmaya daha meyilli olur.

Burada bir büyük parantez açıp yatırımcıların kökenine de ışık tutmak, asıl varmak istediğim kaynak transferi konusunu daha net anlamamızı sağlayacaktır. 1986-1989 döneminde İMKB'de ağırlıklı olarak yerli yatırımcılar faaliyet göstermiştir. 1989'da yürürlüğe giren Türk lirasının Değerini Koruma Kanunu ile piyasalar liberalleştirilmiş, Türk Borsasına yabancı girişi artmaya başlamıştır. 2007 yılında %72'yi aşan BİST'teki yabancı yatırımcı payı 2008 küresel finans kriziyle birlikte %62'ye kadar düşmüşse de 2012 yılında %65'e kadar tekrar yükselmiştir. ABD Merkez Bankası FED'in küresel krizden çıkışı hızlandırabilmek için uyguladığı Miktarsal Genişleme politikasını Haziran 2013'ten itibaren başlayıp, kademeli olarak Eylül 2014'te sonlandırması ve Aralık 2015'ten itibaren faiz artırımına başlaması ile 2015 sonunda BİST'teki yabancı yatırımcı payı tekrar %62'ye gerilemiştir. Türkiye ekonomisinin %7,4 büyüdüğü 2017'de %65'e kadar çıkan borsadaki yabancı yatırımcı payı, sonrasında hızlı bir düşüş sürecine girmiştir. Öyle ki bu oran 2021 yılında %44'e inmiş, hatta 10 Mart 2022'de %37,91'e kadar gerilemiştir (Çalışkan, 2022).

Yani özetle kendimiz çalıp kendimiz oynadığımız bir dönem olan 2019-2023 arasında yüksek enflasyon, yüksek kur, yerli yatırımcının domine ettiği ve spekülatif halka arzların[3] tavan yaptığı bir ortamda gayrimenkul getirileri ve ucuz krediye ulaşımı olan bir kesime aktarılan kaynaklarla *rasyonel* politikalara geçildiğinde daha da zenginleşen ve enflasyonu daha da yukarı çeken bir harcama kabiliyeti yaratıldı.

BİST'teki kaliteli halka arzlar sonrası algo trading botların da kafaları karışık

3 Halka arzlardaki çılgın yükselişlerden haberdar olan küçük yatırımcı olarak tavsif edilen borsa bilgisi ortalamanın altında olan kitle, bu furyaya katılmışlardır. Şirketlerin kötü bilanço ve haberlerine rağmen her halka arza şirketlerin finansal durumunu bilmeden katılan yatırımcılar, buradaki rüzgârın tersine dönmesiyle birlikte büyük oranda içerde kalmışlardır

Ya Barış! Sanki bombalar Gezi Parkı'na düştü, bizim o güzel borsamızın performansını görüyor musun?

Yaratılan bu harcama kabiliyetini bozulan fiyatlama davranışları da eşlik edince elimizde nur topu gibi bir fiyat yapışkanlığı kaldı.

Özellikle Fight Club[4]'ı ilk izlediğimizden bugüne dönüştüğümüz iflah olmaz tüketim toplumu şahsiyetimizin, etkisini pandemi sonrası önlenemez bir yükselişle sürdürmesi ve bu yükselişin yaşanan servet transferi ile perçinlenmesiyle 2019 sonrası enflasyonda daha önce pek de görülmeyen bir yayılım, bir bakıma ekonomik anlamda bir salgın tecrübe ettik, ediyoruz. Politika yapıcıların genel seçimlerden sonra *rasyonel* politikalara geçişle beraber sıklıkla dile getirdikleri "kitabı bilmek lazım" söyleminin de mevcut kitaplarda bu dönemde yaşananlar yer almadığı için kadük doğan bir argüman olduğunu görüyoruz.

Taşlamayı çok da uzatmadan devam edersek, 2021-2022 yılları arasında Türkiye ekonomisi, küresel çapta yaşanan pandemi ve ardından ortaya çıkan jeopolitik gerilimlerden etkilenmesine rağmen önemli bir büyüme göstermiştir. Bu büyüme sürecinde ticaret ve imalat sektörleri, ekonomik dinamizmin önemli lokomotifleri olarak öne çıkmışlardır. Ancak bu iki sektörün büyüme performansları ve kârlılık düzeyleri arasında belirgin farklılıklar gözlemlenmiştir.

Figür 3'te, ticaret sektöründe 2021-2022 yılları arasında net satışların %107 artarken, maliyetlerin bunun yarısında, döviz artışının ise %86 ile satış büyümesinin altında kaldığını görüyoruz.

4 Dövüş Kulübü (orijinal adı: Fight Club), Chuck Palahniuk tarafından yazılmış aynı isimli romandan uyarlanan kült filmdir. 1999 yapımı olan film, David Fincher tarafından yönetilmiş ve başrollerde Brad Pitt, Edward Norton ve Helena Bonham Carter rol almıştır. Eser modern çağın en önde gelen kültür endüstrisi ve tüketim toplumu eleştirilerinden biri olarak da öne çıkmaktadır.

Figür 3: Ticaret Sektörü Gelir-Maliyet Artış Karşılaştırması

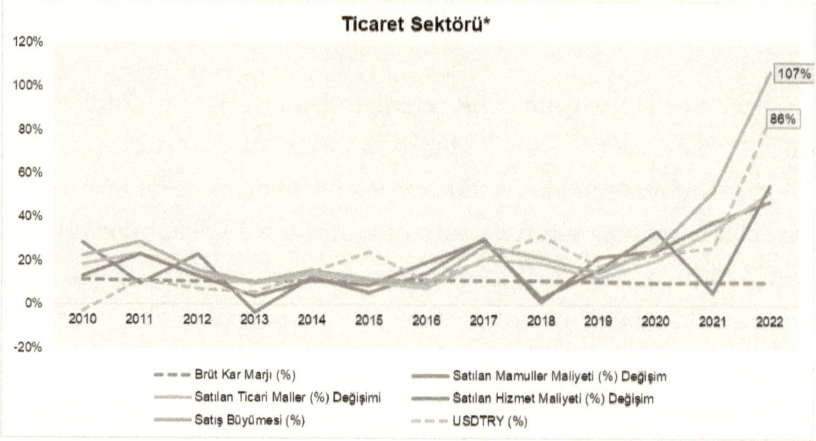

Kaynak: TCMB Verileri

Bu durum, ticaret sektörünün döviz kuru riskini etkin bir şekilde yönettiğini ve fiyatlama stratejilerini bu doğrultuda şekillendirdiğini göstermektedir.

Figür 4 ise, 2021-2022 yılları arasında imalat sektöründe net satışlar %99 artarken, maliyetlerin neredeyse bununla aynı seviyede arttığını ve döviz artışının da %86 ile satış büyümesinin altında kalsa da aradaki marjın ticaret sektörü kadar geniş olmadığını göstermektedir. Döviz kurundaki artışın, imalat sektöründe de satış büyümesinin altında kalmasına rağmen, ticaret sektörüne göre daha dar bir kâr marjı elde edilmiştir. Bu durum, imalat sektörünün girdi maliyetlerindeki artışlara karşı daha hassas olduğunu ve kârlılığını korumak için daha fazla çaba sarf etmesi gerektiğini göstermektedir.

Figür 5'e baktığımızda ise sektörel kârlılıklar bize imalat sanayini, toptan ve perakende ticaretin, motorlu kara taşıtlarının ve motosikletlerin onarım hizmetlerini de kapsayan ticaret sektörüne göre daha kârlı olduğunu açıkça ifade ediyor.

Sektörel kârlılık analizleri, imalat sanayinin, toptan ve perakende ticaretin, motorlu kara taşıtlarının ve motosikletlerin onarım hizmetlerini de kapsayan ticaret sektörüne göre daha kârlı olduğunu ortaya koymaktadır. Bu durum, imalat sektörünün daha yüksek katma değerli ürünler ürettiği ve daha güçlü bir pazarlık gücüne sahip olduğu şeklinde yorumlanabilir. Ticaret sektöründe ise rekabetin yoğun olması ve marjların daha düşük olması kârlılığı sınırlayan faktörler olarak öne çıkmaktadır.

Figür 4: İmalat Sektörü Gelir-Maliyet Artış Karşılaştırması

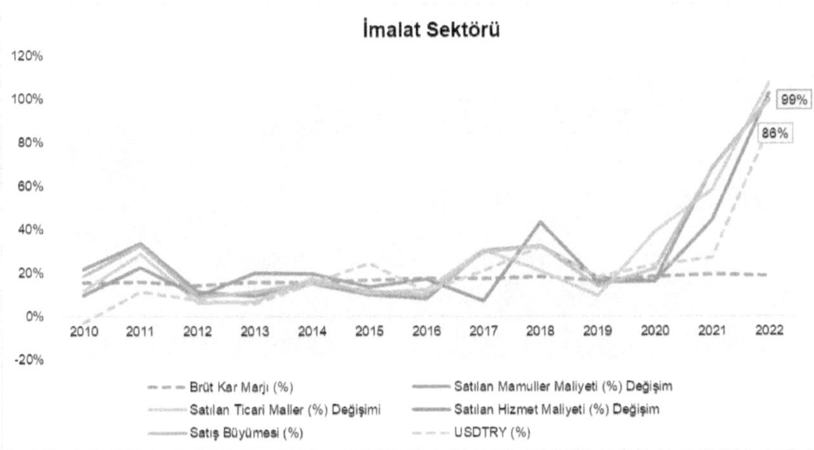

Kaynak: TCMB Verileri

Sunulan veriler ışığında, politika yapıcılar öncelikli olarak imalat sektörüne daha fazla kaynak aktarmalıdır. İmalat sektörü, daha yüksek katma değerli üretim yapısı ve daha güçlü pazarlık gücü sayesinde ekonomiye daha fazla katkı sağlayabilir. Ayrıca, imalat sektörünün kârlılık marjlarının daralması, sektörün rekabet gücünü zayıflatmakta ve bu durumun uzun vadede ekonomik büyümeyi olumsuz etkilemesi riski bulunmaktadır. İmalat sektörüne yapılacak yatırımlar, sektörün teknolojik dönüşümünü hızlandırarak üretkenliği artırabilir, istihdam yaratabilir ve ülkenin dış ticaret dengesini güçlendirebilir.

Figür 5: Karşılaştırmalı Sektörel Kârlılıklar

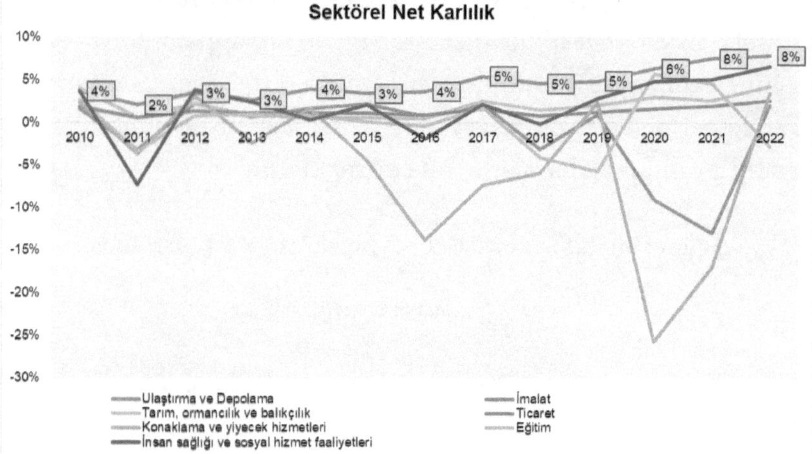

Kaynak: TCMB Verileri

Figür 6: Nispi Fiyat Endeksi

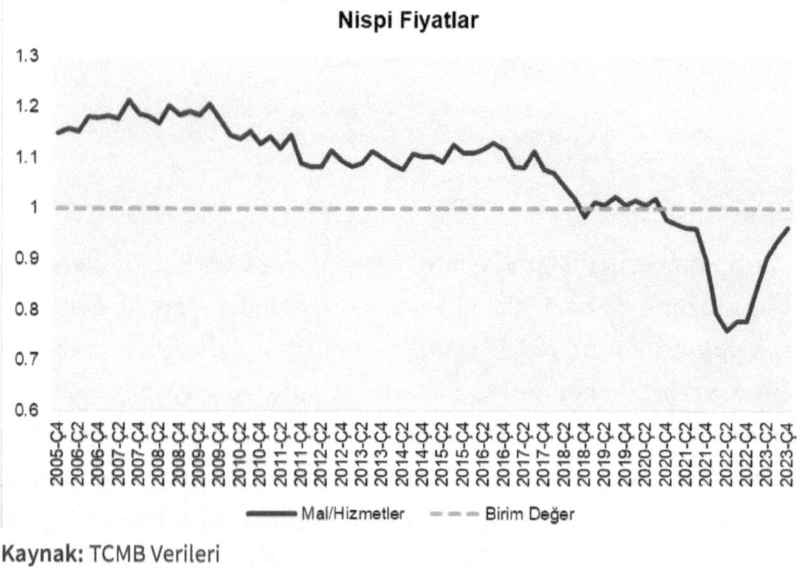

Kaynak: TCMB Verileri

Bu sonuçların yüksek enflasyonla ilgisi ise oldukça yakındır. İmalat sektöründeki maliyet artışları, üretilen ürünlerin fiyatlarına yansıyarak enflasyonu yukarı yönlü etkiler. Özellikle enerji ve ham madde maliyetlerindeki artışlar, imalat sektörünün kârlılığını azaltırken aynı zamanda enflasyonist baskıları da artırır. Ticaret sektöründe yaşanan hizmet enflasyonunun yapışkan kalması ve enflasyonun beklenenden daha yavaş düşmesi ise, sektördeki rekabetin az olması ve fiyatların daha kolay artırılabilmesi gibi faktörlere bağlanabilir. Ticaret sektöründe yaşanan bu durum, genel enflasyon üzerinde yükseltici bir etki yaratır ve enflasyonun hedeflenen seviyelere inmesini zorlaştırır. Nitekim nispi fiyatlar endeksi de bu görüşleri doğrular nitelikte (Figür 6). 2018'de tohumları atılan yüksek enflasyon sürecimizin önce yüksek ÜFE-TÜFE makası sonrası ÜFE'den TÜFE'ye yansıyan maliyetler neticesinde mal fiyatları üzerinden alevlendiğini hatırlayalım.

Politikacıların, imalat sektörüne yönelik destekleyici politikalar oluştururken enflasyonla mücadele arasındaki dengeyi iyi kurmaları gerekmektedir. İmalat sektörüne sağlanacak desteklerin, enflasyonist baskıları artırmayacak şekilde tasarlanması ve uygulanması önemlidir. Ayrıca, ticaret sektöründeki rekabetin artırılması ve hizmet enflasyonunun düşürülmesi için de gerekli önlemler alınmalıdır. Bu sayede hem üretimde verimlilik artışı sağlanabilir hem de enflasyon hedeflerine ulaşmak daha kolay hâle gelebilir. Özetle, sunulan verilere göre imalat sektörüne daha fazla kaynak aktarılması hem ekonomik büyümeyi destekleyecek hem de enflasyonla mücadelede önemli bir rol oynayacaktır. Politikacıların, her iki sektörün ihtiyaçlarını göz önünde bulundurarak dengeli ve sürdürülebilir bir büyüme stratejisi benimsemeleri gerekmektedir.

PROGRAMIMIZ İŞLİYOR. PARA POLİTİKASINI DESTEKLEYİCİ MALİYE POLİTİKALARIMIZ DAHİLİNDE BAYRAM TATİLİNDE AŞIRI BRONZLAŞANLARDAN ALINACAK OLAN "FEDON VERGİSİ", SAÇI VE SAKALI FAZLA GÜR OLANLARIN ÖDEYECEĞİ "CÜNEYT ARKIN VERGİSİ"...
... VE FAZLA ELEŞTİRİ YAPAN AKADEMİSYENLERDEN ALINACAK OLAN "TWEET VERGİSİ" İLE GÜÇLÜ BİR ŞEKİLDE ENFLASYONU DÜŞÜRME HEDEFİMİZE ULAŞACAĞIZ.
ENFLASYON

BENDE DE SON 10 MİLYAR KALDI!
CEVDET HOCAM, SENDE REZERV KALDI MI? BENİM SON 5'LİK!
23.03.25

* * *

Dünya gerek ekonomik gerek siyasi gerekse fiziksel (iklim değişikliği, yeni virüsler vb.) ciddi bir kırılma sürecinden geçiyor. 2008 küresel finans krizi sonrası yaşanan ekonomik kırılma ile tetiklenen bu fay hattı 2019 Covid-19 salgını ile daha da derinleşti ve ete kemiğe bürünen bir sürece dönüştü. Salgın döneminde oluşan zoraki küresel iş birliği havası ise Ukrayna-Rusya, İsrail-Gazze yıkımları ile küreselleşme kavramı yerine korumacılık, ticaret savaşları ile ekonomik açmazları çözüm olarak önerilen radikal yöntemlerin siyasi ve ideolojik kılıflarla örtülmesi takip etti. Küresel seviyede birçok siyasi seçimin yaşandığı, Avrupa'da oluşan ekonomik sorunlarla beraber Almanya ve Fransa gibi birliğin amiral ülkelerinin politik olarak da istikrarsızlıklar yaşadığı bir dönemdeyiz. Buna karşın Amerika biraz da abartmak gerekirse mevcut koşulların da desteklemesi ile ikinci dünya savaşı öncesine benzer bir seçim ortamında Trump 2.0 döneminin başlamasına karar verdi. Çin ise salgından beri gayrimenkul krizi, düşen iç talep ve bütün canlandırma paketleri ile hükümet desteklerine rağmen rayına girmeyen büyüme sorunlarıyla boğuşuyor.

Doğan görünümlü şahin

50 baz puan şakkadanak düşürdüm! Şaşırttım milleti! Arkadan şakkadanak 50 daha, çil yavrusu gibi dağlırlar

Fed faiz kararı sonrası Powell konuştu...
Şimdi;
Ben buraya neden çıktım?
Niçin çıktım? Nasıl çıktım?
Bunu izaha gerek yok. Gördünüz, yürüdüm çıktım! ama, çıkmamış da olabilirim. Çıkmışsam çıkmışımdır, çıkmamışsam çıkmamışımdır. Görünen köy... uzakta değildir. Buraya çıktık da sonradan çıkmadık mı dedik? Bunlar bi takım uydurma laflardır... Sahi ya ben buraya neden çıktım?
OIL
UMUDUMUZ POWELL

Ticaret Savaşları

2024'ü bitirirken yaz aylarından beri yolu yapılan Fed faiz indirimi ile (50 baz puan olarak piyasaların beklentisinin üzerinde gerçekleşti) gelen bence yanlış karar sonrası Trump'ın tekrar seçilmesi ile ABD enflasyonunun seyri ve doğabilecek çatışmalar hâlâ gündemde. Bu kitap ilk baskısını yaptıktan sonra muhtemelen bu detaylar önemini giderek yitirecek olsa da burada aklımızda kalması gereken temel unsur ABD'de dahi siyasi otoritenin kurumların bağımsızlığını belli bir dozda test ediyor olması. Trump'ın, Fed Başkanı Jerome Powell'ı *siyasi* davranmakla suçlayarak "Seçimde demokratlara avantaj sağlamak için faiz indirimi yapmayı düşünüyor," minvalindeki açıklanmalarını hatırlayalım. Bu bağlamda 2025'e ABD, Çin ve Avrupa Birliği (AB) arasında oynanan üçlü bir mahkumlar çıkmazı[5] kurgusu ile başlayacağız gibi görünüyor.

Trump'ın uygulayacağı kotalardan nasibini en aza indirmeye çalışan AB, ABD'den daha fazla mal alarak iş birliği olasılıklarını değerlendirip bir yandan da ABD'nin Çin'e uygulaması muhtemel yüksek kotalar nedeniyle zaten rekabet avantajını kaybettiği sektörlerin ucuz Çin malları ile tehdit edilmesini engellemeye çalışırken savunma teçhizatı ve sıvılaştırılmış doğal gaz gibi stratejik tedariklerini de yine Trump ile müzakere etme çabasında. *Eski* kapitalist ekonominin konvansiyonel dünyası, yapay zekânın bu denli köpürtüldüğü bir ortamda *Teknofeodalizm* gibi havalı önermelere rağmen kısa vadede tüm baskınlığıyla varlığını sürdürüyor.

---

5 Oyun kuramında, vereceği kararın sonuçları diğerlerinin kararlarına bağlı olan, ancak diğerlerinin kararlarını tam olarak bilmediği için karar vermekte zorlanan kişilerin durumlarını ifade eden ve birbiriyle haberleşme imkânı olmayan iki mahkûmun kendilerine "suçu itiraf etme" veya "inkâr etme" durumunda farklı cezalar öngörülmesi hâlinde, karar vermede zorlanmaları durumuyla betimlenen örnek olay.

I ♥ BIDEN
NOKIA
İSMAIL,
ADAM
KAZANDI...
K.

GÖNÜL COĞRAFYAMIZ OLAN MEKSİKA, KANADA, İSRAİL'İ SAYGI ve SEVGI İLE SELAMLIYORUM

Göç Sorunu ve Gıda Arzı

Ticaret savaşlarının yanı sıra çeşitli nedenlerle tetiklenen göç sorunu da yükselen bir risk olarak öne çıkmakta. Ayrıca Trump'ın göçmen işçileri sınır dışı etme planları başta olmak üzere birçok sektörü ve işçiliğin maliyet kalemleri içinde daha büyük yer tuttuğu emek yoğun iş alanlarını tehdit etmekte. Tüm dünyada olduğu gibi ABD'de de tarımda en sorunlu konulardan biri işgücü ve işçilik maliyetleri. Türkiye dâhil pek çok ülkede bu sorun mültecilerin ve kaçak göçmelerin istihdam edilmesi ile çözüme kavuşturulmaya çalışılıyor. Amerika Birleşik Devletleri Tarım Bakanlığı (USDA) verilerine göre ABD'de tarım sektöründeki iş gücünün %70'i ABD doğumlu değil ve olası bir yasadışı göçmenlerin sınır dışı edilişi durumunda başta maliyetlerdeki artış olmak üzere tedarik zincirleri ciddi şoklara maruz kalabilir. Dolayısıyla tarife ve sınır dışı etme politikaları açısından baktığımızda ABD'de tarım sektörü için ciddi belirsizlikler masada, hele ki Çin'in soya ve mısır gibi ürünlerde ABD'nin en büyük müşterisi olduğunu düşünürsek.

Türkiye'de de 2024 Küresel Risk Raporu'na göre göç dalgası dünya genelinden farklı olarak çevre risklerinden bile önde geliyor. Fakat daha çok jeopolitik sebeplerle maruz kaldığımız göç dalgasına, ABD gibi ülkeler de ekolojik ve çevresel nedenlerle maruz kalıyor. Buzulların çökmesi, deniz seviyesinin yükselmesi, donmuş toprakların çözülmesi sonucu artan karbon salınımı dünyayı dönüşü olmayacak şekilde değiştiriyor.

Kriz Kâhini Roubini'nin de kurucuları arasında yer aldığı Atlas Capital gıda arzının, iklim ve jeopolitik çatışmaların tehdidi altında olduğu bugünkü ortamda tarım ürünlerinin stratejik öneme sahip olduğunun altını çizerek Ilımlı Kazanç Stratejisini öneriyor. Bakıldığında Atlas Capital özü itibarıyla Roubin'nin Megathreads

(Mega Tehditler) adlı kitabındaki endişeleri de taşıyor aslında. Özetle, Roubini, dünyanın geleceği için tehlikeli olan on bağlantılı tehdidin bir araya gelmesinin küresel bir krize yol açabileceğini savunuyor. Kitaba göre ana tehditler:

• **İklim Değişikliği:** Yükselen sıcaklıklar, aşırı hava olayları ve çevre bozulması.

• **Jeopolitik Gerilimler:** Büyük güçler arasındaki artan rekabet, ticaret savaşları ve askeri çatışma riski.

• **Teknolojik Değişim:** Otomasyon, yapay zekâ ve dijitalleşmenin iş kaybı, ekonomik eşitsizlik ve sosyal kargaşaya yol açması.

• **Borç Krizi:** Ulusal, kurumsal ve hane halkı düzeylerinde aşırı borç seviyelerinin önemli bir finansal risk oluşturması.

• **Pandemiler:** Bulaşıcı hastalık salgınlarının, yıkıcı ekonomik ve sosyal sonuçlara sahip olabilmesi.

• **Siber Güvenlik Tehditleri:** Giderek karmaşıklaşan siber saldırıların, kritik altyapıyı bozabilmesi ve ulusal güvenliği tehlikeye atabilmesi.

• **Eşitsizlik:** Zenginler ve fakirler arasındaki artan ekonomik uçurumun, sosyal kargaşa ve siyasi istikrarsızlığa yol açabilmesi.

• **Demografik Değişimler:** Yaşlanan nüfus, düşen doğum oranları ve göç baskılarının, sosyal güvenlik sistemlerini ve işgücü piyasalarını zorlayabilmesi.

• **Kaynak Kıtlığı:** Su, enerji ve mineraller gibi doğal kaynakların hızla tükenmesinin, çatışmalara ve ekonomik aksaklıklara yol açabilmesi.

• **Güven Kaybı:** Kurumlara, hükümetlere ve medyaya olan güven erozyonunun, sosyal uyumu ve demokratik yönetimi tehlikeye atabilmesi.

Roubini, bu tehditleri ele almak için politika önlemleri, teknolojik yenilikler ve uluslararası iş birliğinin bir kombinasyonunu öneriyor ve **küresel liderlik, eğitim ve altyapıya yatırımı ve sürdürülebilir kalkınma** ihtiyacını vurguluyor. Roubini bizlere ABD'de altyapının yeniden inşasına yatırım yapmak istediklerini belirtiyor. Gıda güvencesini sağlanması, yeşil madenlerin ve nadir toprak elementleri üreticilerinin yeniden ülkeye taşınması gibi gelecekteki refahı garanti etmek için tasarlanmış, Marshall Planı benzeri bir yatırım felsefesi sunuyor. Ek olarak iklim değişikliği nedeniyle daha elverişli kentlere göç edecek olan kişiler için yapılması gereken gayrimenkul yatırımlarının altı çizilirken, farklı nedenlerle oluşan farklı göç dalgalarının küresel ekonomiyi zorlayacak olmasına, bu bağlamda jeopolitik konjonktürün de bu gerilimden payını almasının büyük olasılık olduğuna vurgu yapılıyor.

Paralel bir şekilde Avrupa Birliği, dünyanın en büyük ekonomilerinden biri olmasına rağmen, son yıllarda artan küresel rekabet ve ardı ardına gelen krizler karşısında önemli zorluklarla karşı karşıya kalmıştır. Özellikle ABD ve Çin gibi ekonomik devlerin yükselişi, AB'nin rekabet gücünü ciddi şekilde zayıflatmıştır. Kovid-19 pandemisi, tedarik zincirlerindeki kesintiler ve Rusya-Ukrayna savaşı gibi küresel çapta yaşanan olaylar, AB ekonomisinin kırılgan yönlerini gözler önüne sermiştir. AB'nin karşı karşıya olduğu zorluklar:

- **Jeopolitik Riskler:** Artan jeopolitik gerginlikler, özellikle Rusya ile yaşanan sorunlar, AB'nin güvenliğini ve enerji kaynaklarına erişimini tehdit etmektedir.
- **İklim Değişikliği:** İklim değişikliği, AB ekonomisi için hem bir risk hem de bir fırsat oluşturmaktadır. Yeşil dönüşüme geçiş, önemli yatırımlar gerektirmekte ve rekabet gücünü etkilemektedir.

- **Savunma:** AB, savunma alanında yeterince güçlü bir duruş sergileyememekte ve NATO'ya bağımlılığı devam etmektedir.
- **Durgun Ekonomi ve Demografik Zorluklar:** AB, düşük büyüme oranları, yaşlanan nüfus ve işsizlik gibi ekonomik ve demografik sorunlarla mücadele etmektedir.
- **Teknolojik Gerileme:** AB, teknolojik gelişmelerde ABD ve Çin'in gerisinde kalmakta ve bürokratik engeller nedeniyle inovasyonun önü tıkanmaktadır.

Bu zorlu dönemde Avrupa Komisyonu Başkanı Ursula von der Leyen, AB'nin rekabet gücünü güçlendirmek için eski Avrupa Merkez Bankası Başkanı Mario Draghi'yi görevlendirdi. Draghi'den, AB ekonomisinin karşı karşıya olduğu zorluklar ve çözüm önerileri içeren kapsamlı bir rapor hazırlaması istendi. Küresel güç dengelerindeki değişimler, iklim değişikliği ve teknolojik gelişmeler, AB'yi köklü dönüşümler yapmaya zorlamaktadır. Draghi raporu, AB'nin geleceği için bir dönüm noktası olabilir ve birliğin yeni bir strateji belirlemesine yardımcı olabilir. Draghi raporu dört bileşen etrafında dolaşıyor:

- Sürdürülebilir Rekabet
- Ekonomik Güvenlik
- Açık Stratejik Özerklik
- Adil Rekabet

Draghi bloğun iç güvenliğini artırmak için ekonomik bağımlılığını azaltmaya devam etmesi gerektiğini ama Avrupa'nın özellikle kritik ham maddeler ve dijital teknoloji için bir avuç tedarikçiye bağımlı olduğunu söyledi.

Avrupa'yı, özellikle yüksek teknoloji alanında ABD ve Çin ile arasındaki inovasyon farkını kapatmak için ortak çabalarını acilen yeniden odaklaması gerektiğini belirten Draghi şöyle yorumluyor:

"Sorun Avrupa'nın fikir veya hırs eksikliği değil (...) ancak inovasyonun bir sonraki aşamada engellenmesidir: İnovasyonu ticarileştirmede başarısız oluyoruz.

Son elli yılda, değeri 100 milyar euroyu aşan hiçbir AB şirketi sıfırdan kurulmazken, değerlemesi 1 trilyon Euro'nun üzerinde olan altı ABD şirketinin tamamı bu dönemde yaratıldı. Avrupa'nın unicorn'larının yüzde 30'u ise kıtada ölçeklenemedikleri için 2008'den bu yana bloktan ayrıldı."

Kripto Paralar ve Dijital Spekülasyonlar

Trump'ın Salıncak Eyaletlerde[6] bile net bir üstünlük kurarak kazandığı seçimler sonrası daha kripto proaktif bir yönetim sergilemesi beklenirken, hemen seçimlerin ertesi Bitcoin'in 100.000 dolar barajını daha sene gelmeden aştığına şahit oldum. Dijital varlıklar için daha yumuşak regülasyonlar belirlenirken New York Stern School finans profesörü David Yermack, Trump'ın seçim kampanyası boyunca dijital paralarla ilgili çok büyük vaatlerde bulunmasına rağmen gerçekte haklarında hiçbir şey bilmediğini söylemişti. Açıkçası bana da Trump'ın Bitcon'i rezerv para yapmak konusundaki söylemleri çok gerçekçi gelmiyor. İktidarın en temel yapı taşlarından biri olan para var olmaya başladığından itibaren ulusların bağımsızlığının temel öğelerinden biri. Amerikan dolarının hegemonyasına özellikle Renminbi ve BRICS ülkelerinin tasarladığı iddia edilen ortak para birimi gibi henüz yeterli ciddiyette tehdit oluşturmayan alternatifler ortaya atılsa da Trump'ın Bitcoin ile bile isteye bu hegemonyayı devretmek isteyeceğini hiç

6 Salıncak Eyalet (swing state): Salıncak eyalet, Amerika Birleşik Devletleri'nde yapılan başkanlık seçimlerinde bazen Demokratlara, bazen Cumhuriyetçilere oy veren, yani kararsız veya dengeyi belirleyen eyalettir..

sanmıyorum. Bununla birlikte giderek dijitalleşen ve otonomlaşan, yapay zekânın ağrılığını arttırdığı bir senaryoda dijital paraların da kendilerine geniş kullanım alanları bulması kaçınılmaz.

Biyoteknoloji, Sağlık ve Ötesi

Human Cell Atlas (HCA: İnsan Hücre Atlası) konsorsiyumu insan vücudundaki her hücrenin biyolojik atlasını oluşturmak amacıyla 2016 yılında kuruldu. HCA, Nature Dergisi'nin Kasım 2024 sayısına insan vücudundaki her hücre tipini kataloglama hedeflerinin oluşturulmuş ilk taslak atlasının geldiği aşama sayesinde kapak oldu.

HCA'nın başarılı olabilmesi için fon sağlayıcılarının uzun vadede kârlılıklarını sürdürmeleri gerekiyor. Genetik çalışmalar hastalıklarla ilişkili yüz binden fazla varyantın haritasını çıkarmış olsa da bu varyantların çoğunun hangi hücrelerde aktif olduğunu bilmiyoruz. Bu devasa projede 102 ülkeden 3 bin 600'den fazla araştırmacının çalışması da biyoteknoloji alanında dünyanın gitmeye çalıştığı yerle ilgili önemli bir fikir veriyor aslında.

Bir diğer önemli husus ise yüksek maliyetler ve ucuz fiyatlar nedeniyle antibiyotik araştırması yapmaktan geri duran ilaç firmalarına milyarlarca dolara varan destek paketleri. Bazı mikropların onları yok etmek için tasarlanan ilaçlardan kurtulmalarıyla ortaya çıkan antimikrobiyal direnç (AMR) 2035 yılına kadar küresel yaşam beklentisini ortalama 1,8 yıl azaltma yolunda ilerliyor. Bu bağlamda Dünya Sağlık Örgütü (WHO) antibiyotik direncini en önemli küresel halk sağlığı ve kalkınma tehdidi olarak tanımladı ve bununla mücadeleyi ön plana aldı. Diğer yandan mikropların biyolojik çeşitliliğini de tıpkı hayvanları koruduğumuz gibi korumalıyız. Mikropların kaybı, tüm ekosisteme zarar vermekle beraber insan sağlığını da riske atıyor. Kentleşmenin artmasıyla özellikle uluslararası ulaşımın gelişmesiyle dünya nüfusu arasında salgınlar çok hızlı ve geniş bir şekilde, özellikle havayolu ile yayılabiliyor. Küresel bir mikrobiyal sistemde yaşıyoruz ve doğada bir yerde herhangi bir ekosistemi bozan her şey insan üzerinde de etkiler yaratacaktır. Bu sebeple hem patojen mikroplarla savaşmak için gereken önlemleri almalı hem de mikropların çeşitliliğini korumaya devam etmeliyiz. Aşılar enfeksiyon hastalıklarının önlenmesine yardımcı olurken antibiyotik kullanımını azaltır ve böylece dolaylı olarak *iyi mikropların* çeşitliliği korunmuş olur.

Paradigma Değişimi

Biraz geniş bir giriş bölümü ile buraya kadar anlatmaya çalıştığım paradigma değişimlerini basitçe bir taslak çizimle betimlemek istersek aşağıdaki figür az çok işimizi görebilir. Bütün bu değişim ortasında ise bir sağlayıcı olarak dijital, fiat, kripto hangi tür olursa olsun paranın yeri bugün de olduğu gibi kritik seviyede. Şimdi güncelle gelecek arasındaki bağlarınızı bir çizgi roman yardımı ile ve sert bir düşüncel sıçrama sağlayacak şekilde kırıp Silikon Banker'in asıl meselesine odaklanabiliriz.

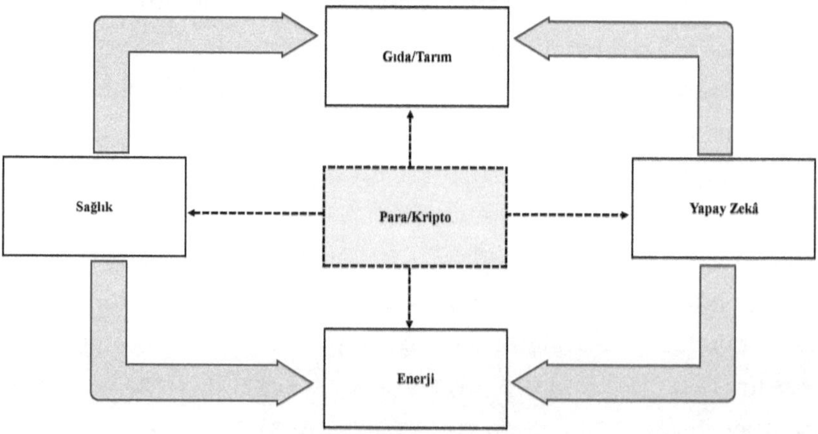

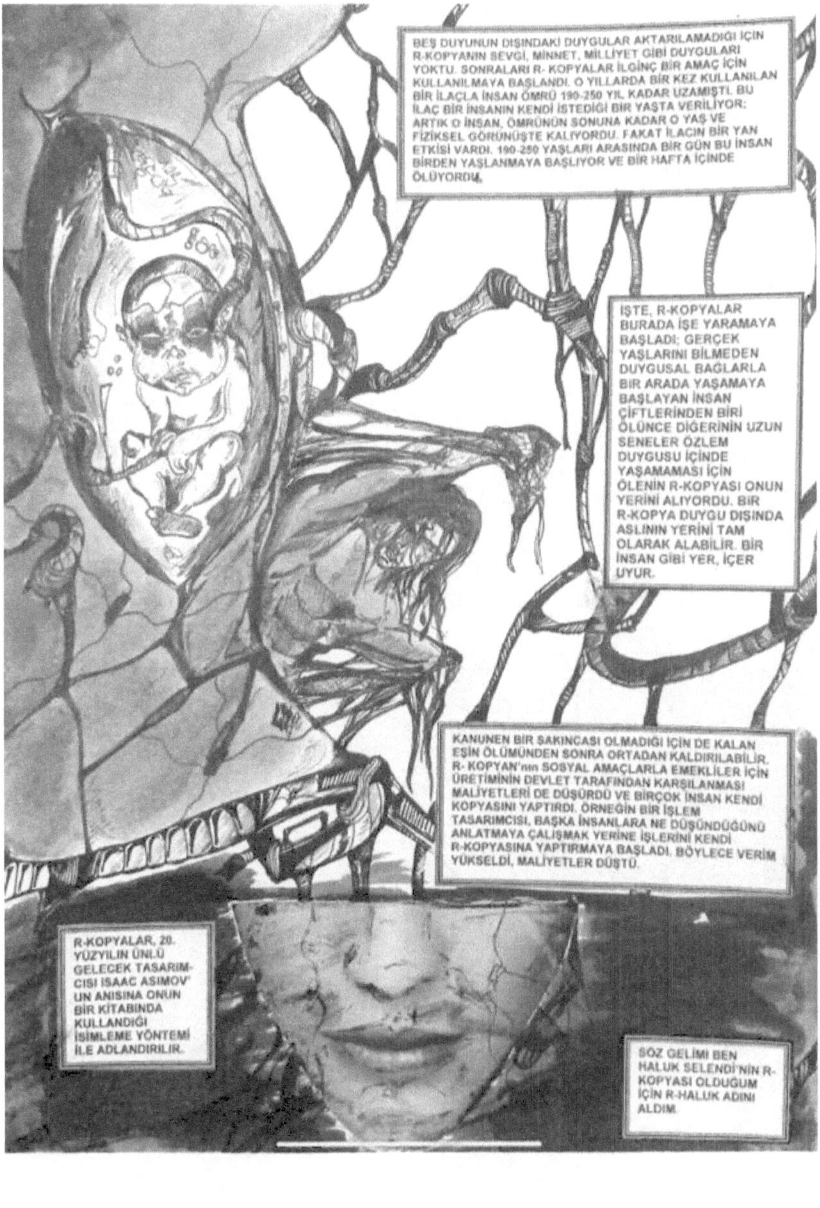
BEŞ DUYUNUN DIŞINDAKİ DUYGULAR AKTARILAMADIĞI İÇİN R-KOPYANIN SEVGİ, MİNNET, MİLLİYET GİBİ DUYGULARI YOKTU. SONRALARI R- KOPYALAR İLGİNÇ BİR AMAÇ İÇİN KULLANILMAYA BAŞLANDI. O YILLARDA BİR KEZ KULLANILAN BİR İLAÇLA İNSAN ÖMRÜ 190-250 YIL KADAR UZAMIŞTI. BU İLAÇ BİR İNSANIN KENDİ İSTEDİĞİ BİR YAŞTA VERİLİYOR; ARTIK O İNSAN, ÖMRÜNÜN SONUNA KADAR O YAŞ VE FİZİKSEL GÖRÜNÜŞTE KALIYORDU. FAKAT İLACIN BİR YAN ETKİSİ VARDI. 190-250 YAŞLARI ARASINDA BİR GÜN BU İNSAN BİRDEN YAŞLANMAYA BAŞLIYOR VE BİR HAFTA İÇİNDE ÖLÜYORDU.
IŞTE, R-KOPYALAR BURADA İŞE YARAMAYA BAŞLADI; GERÇEK YAŞLARINI BİLMEDEN DUYGUSAL BAĞLARLA BIR ARADA YAŞAMAYA BAŞLAYAN İNSAN ÇİFTLERİNDEN BİRİ ÖLÜNCE DİĞERİNİN UZUN SENELER ÖZLEM DUYGUSU İÇİNDE YAŞAMAMASI İÇİN ÖLENİN R-KOPYASI ONUN YERİNİ ALIYORDU. BİR R-KOPYA DUYGU DIŞINDA ASLININ YERİNİ TAM OLARAK ALABİLİR. BİR İNSAN GİBİ YER, İÇER UYUR.
KANUNEN BİR SAKINCASI OLMADIĞI İÇİN DE KALAN EŞİN ÖLÜMÜNDEN SONRA ORTADAN KALDIRILABİLİR. R- KOPYAN'nın SOSYAL AMAÇLARLA EMEKLİLER İÇİN ÜRETİMİNİN DEVLET TARAFINDAN KARŞILANMASI MALİYETLERİ DE DÜŞÜRDÜ VE BİRÇOK İNSAN KENDİ KOPYASINI YAPTIRDI. ÖRNEĞİN BİR İŞLEM TASARIMCISI, BAŞKA İNSANLARA NE DÜŞÜNDÜĞÜNÜ ANLATMAYA ÇALIŞMAK YERİNE İŞLERİNİ KENDİ R-KOPYASINA YAPTIRMAYA BAŞLADI. BÖYLECE VERİM YÜKSELDİ, MALİYETLER DÜŞTÜ.
R-KOPYALAR, 20. YÜZYILIN ÜNLÜ GELECEK TASARIM-CISI ISAAC ASIMOV'UN ANISINA ONUN BİR KİTABINDA KULLANDIĞI İSİMLEME YÖNTEMİ İLE ADLANDIRILIR.
SÖZ GELİMİ BEN HALUK SELENDİ'NİN R-KOPYASI OLDUĞUM İÇİN R-HALUK ADINI ALDIM.

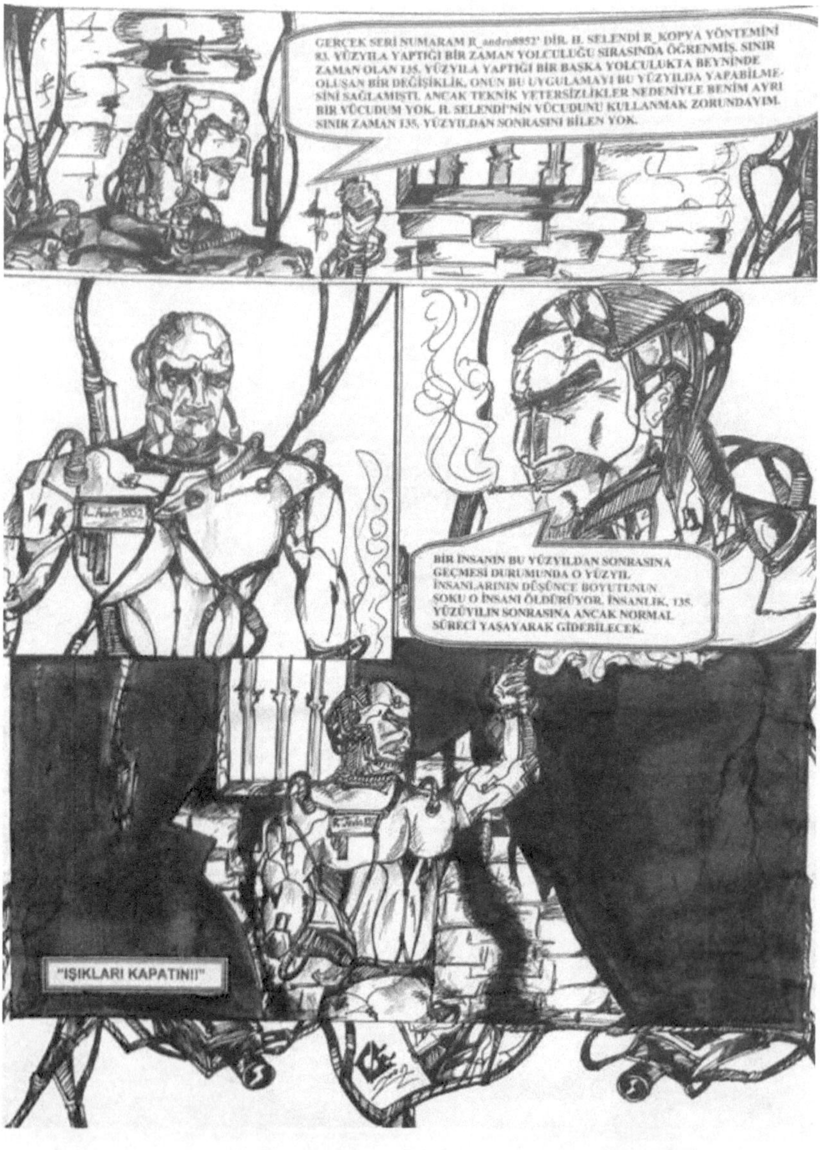
GERÇEK SERİ NUMARAM R_andro8952' DİR. H. SELENDİ R_KOPYA YÖNTEMİNİ 83. YÜZYILA YAPTIĞI BİR ZAMAN YOLCULUĞU SIRASINDA ÖĞRENMİŞ. SINIR ZAMAN OLAN 135. YÜZYILA YAPTIĞI BİR BAŞKA YOLCULUKTA BEYNİNDE OLUŞAN BİR DEĞİŞİKLİK, ONUN BU UYGULAMAYI BU YÜZYILDA YAPABİLME-SİNİ SAĞLAMIŞTI. ANCAK TEKNİK YETERSİZLİKLER NEDENİYLE BENİM AYRI BİR VÜCUDUM YOK. H. SELENDİ'NİN VÜCUDUNU KULLANMAK ZORUNDAYIM. SINIR ZAMAN 135. YÜZYILDAN SONRASINI BİLEN YOK.
BİR İNSANIN BU YÜZYILDAN SONRASINA GEÇMESİ DURUMUNDA O YÜZYIL İNSANLARININ DÜŞÜNCE BOYUTUNUN ŞOKU O İNSANI ÖLDÜRÜYOR. İNSANLIK, 135. YÜZÜYILIN SONRASINA ANCAK NORMAL SÜRECİ YAŞAYARAK GİDEBİLECEK.
"IŞIKLARI KAPATIN!"

TEKHNORİUM: ROBOT AKIL HASTALIKLARI MERKEZİ
KENDİNİ İNSAN SANMAK VE KİMLİK BUNALIMINA GİRMEK SON ZAMANLARDA ANDROİDLERDE GÖRÜLEN EN YAYGIN HASTALIKTI.
TEKNOLOJİNİN GELİŞİMİYLE BİR ÇOK ALANDA DAHA İŞLEVSEL OLDUĞU GEREKÇESİYLE İNSANLARIN YERİNİ...
...ÖZEL ŞİRKETLER TARAFINDAN GELİŞTİRİLMİŞ ANDROİDLER ALMIŞ, DÜNYA HIZLA MEKANİKLEŞMEYE BAŞLAMIŞTI. GARİP OLANSA BU ROBOTLARIN İNSAN HASTALIKLARINA YAKALANMAYA VARACAK DÜZEYDE BİR EVRİM SÜRECİNE GİRMELERİYDİ.
HAH! HÂLÂ KENDİLERİNİ İNSAN SANIYORLAR.
SON

SATOSHİ YA DA DİJİTAL PROMETHEUS

Bilgi edinmenin ne kadar tehlikeli olduğunu öğrenin: Dünyayı doğduğu şehirden ibaret sanan kişinin, tabiatının izin verdiğinden daha büyük olmaya özenen kişiye kıyasla ne kadar bahtiyar olduğunu da.

Frankenstein ya da Modern Prometheus, Mary Shelley

Bitcoin'in, dijital altın ya da enflasyona karşı bir korunma aracı olduğunu düşünmediğimi yekten paylaşayım. Benim açımda geçmişten günümüze paranın arzını ve paraya ihtiyacı olanlara ulaşımını tesis eden, dolayısıyla büyük ölçüde yönlendirme erkini elinde bulunduran kurum, kuruluş ve benzeri yapıların mevcut hâkimiyetlerini tehdit eden yıkıcı bir yenilik olmakla birlikte para olmasına izin verilmeyen bir "paramsı"dır.

Peki, bu kadar zekice planlanmış ve dönüştürücü etkisi olan, bazılarına göre devrim niteliğindeki bir araç ve bu aracın üzerine oturduğu teknolojinin yarattığı ekosistemde neden FTX gibi piyasa başarısızlıkları ve skandallar gündemimizde? Ya da soruyu tersten sorarsak, Silicon Valley Bank'in batışı büyük ölçüde regüle edilmiş piyasalarda geçekleşebiliyorsa, Bitcoin'in bir ödeme aracı ve alternatif bir para birimi olarak bütün ekosistem paydaşları tarafından kabul görmemesinin altında yatan tek neden skandallar ve regülasyon eksiklikleri mi?

Bitcoin tabii ki Silikon bir Mesih[7] değil (burada yazıya kısa bir ara verip parçayı dinlemenizi öneririm). Ama 2008 küresel finans krizinden başlayarak 2023'e doğru kısa bir tur yaptığımızda Fed ve Avrupa Merkez Bankaları başta olmak üzere yapılan miktar genişlemeler (quantitative easing), büyütülen bilançolar, yaşanan irili ufaklı krizlere baktığımızda konvansiyonel sistemlerin de masum olmadığı ortada. La Casa de Papel'de Profesör'ün konu ile ilgili veciz tiradını tekrar hatırlarsak:

"2011 yılında Avrupa Merkez Bankası yoktan 17 milyar euro kazandı. Aynı bizim yaptığımız gibi. Sadece daha büyük çaplıydı. Bütün o paranın nereye gittiğini biliyor musunuz? Bankalara. Fabrikadan, olduğu gibi zenginlerin cebine. Kimse Avrupa Merkez Bankası'na hırsız dedi mi? Hayır. Buna 'likidite enjeksiyonu' dediler. Ben de bir likidite enjeksiyonu yapıyorum ama bankalara değil. Bunu burada, gerçek ekonominin içinde yapıyorum."

Analog

Retro eşya, film ve oyunlara düşkünlüğümü bilen ağabeyimin aldığı Sony Walkman'in pilleri çabuk bitmesin diye bir Alice Cooper kasetini tükenmez kalemim ile geri saran benim gibi bir çocuk adam için hâlâ Japonya teknolojinin anavatanıdır. Çin malları, her ne kadar üretildiği ülke dünya ekonomisinin amiral gemisi hâline gelse de, bir yönüyle hâlâ kalitesizliği ve imitasyonu temsil ediyor.

Texas Instruments BA II Plus Professional hesap makinem de algoritmalar çağında Walkman'im ile beraber Retro koleksiyonumun nadide bir parçası hatta neredeyse bir ziynet eşyası. Zaten kütüphane odam dijital bir dünyadan gizlediğim analog bir define adası gibi. Amerikan çizgi romanları, Avrupa çizgi romanları,

7 Blaze Bayley – Silicon Messiah

frankafon çizgi romanlardan fumetti, yerli çizgi romanlar ve hatta tek kanallı televizyon döneminde basılan siyah-beyaz western çizgi romanları olmak üzere binlerce fasikül ve cilt kitaptan oluşan bir İskenderiye Kütüphanesi.[8]

Sadece eşya ya da somut unsurlarda değil, soyut unsurlar için de dünya çok hızlı değişiyor. 90'lı yılların başından itibaren sanki dünya güneşin etrafında 365 gün 6 saatten daha kısa bir sürede dönüşünü tamamlıyor. Dijital çağa geçilmesiyle ise ipin ucu tamamen kaçtı. Antika, Retro, güncel, modern tanımları tamamen birbirine karışır hâle gelirken insanoğlu zamansız bir boşlukta rastgele salınır oldu.

Bu yazıyı yazarken masamın üzerinde duran Nathan Never'ın *Robotların Dünyası* adlı Türkçe baskı bir cildini ise bu engin denizden alınmış bir bardak su gibi elimde döndürüyorum. Daha önce defalarca okudum bu sayıyı. Aslında ciltlerde en sevdiğim bölümler özellikle Almanaklarda yayınlanan cyberpunk edebiyatına ve bilim kurgu alt kültürlerine dair dosyalar. Bizzat Nathan Never'ın kendisinin, Philip K. Dick'in *Androidler Elektrikli Koyun Düşler mi?* romanından uyarlanan Blade Runner filmindeki Rick Deckard'a bir gönderme olduğu bu kitaplar hem sanatın birçok farklı alanına hem de bilim kurgu külliyatına eşsiz göndermelerle dolu. Örneğin elimde tuttuğum kitaptaki Duvell isimli android karakterin ofisindeki robot heykellerin Michelangelo'nun Davut'u ve Miro'nun Diskobolos'undan başkası olmaması, duvarda asılı tabloların Leonardo'nun Mona Lisa'sı ve Jacques Louis David'in Napolyon'unun

8 İskenderiye Kütüphanesi, MÖ 3. yüzyılın başlarında Mısır'ın İskenderiye kentinde Ptolemaios hanedanı tarafından kurulmuş olan antik kütüphanedir. Amerikalı gökbilimci ve astrobiyolog Carl Sagan'ın "Zamanda geri gidebilseydik, ilk gideceğim yer burası olurdu" dediği İskenderiye Kütüphanesi'nin yerine 2002 yılında Yeni İskenderiye Kütüphanesi kuruldu.

robot formunda betimlenmiş versiyonları olması bile insanoğlunun tanrıyı oynama cüretkârlığını apaçık gözler önüne seriyor. Ne kadar dijitalleşirsek dijitalleşelim, insanın analogluğuna yakınsayan bir gelecek tasviri kısır döngüsü hâkim kalıyor.

Dijital

Finansal piyasalarda işlem yapan robotacirlerin kendi aralarında iletişim kurmak için oluşturdukları ve sadece dijital piyasa oyuncularının anlayabildiği BullSpeak diline bu ismin verilmesi de benzer bir yanılsamanın eseridir. Blade Runner filmindeki dış sesin ve Gaff'in kullandığı Cityspeak olarak adlandırılan dil, aslında bilinen hiçbir dile benzememesine rağmen yine de kulağa tanıdık gelir. Bunun nedeni ise Cityspeak dilinin; Japonca, Çince, Fransızca ve İngilizce dillerinin bir araya getirilerek oluşturulmuş bir sentetik dil olmasından kaynaklanmaktadır. Bu nedenle bu sentetik dile sanki makinelerin nihai hâkimi hâlâ insanlarmışçasına bu filme referans vererek BullSpeak ismini uygun gördüm. Yapılan analizlere göre ise BullSpeak sentetik dili %83 örtüşme ile Çince, İngilizce, Arapça ve Türkçe'nin bir araya gelmesinden oluşuyor.

Sentetik

Tarihte, sikke bastırmak egemenliğin vazgeçilmez bir gereğiydi. Merkez Bankası Dijital Para Birimi (CBDC) ise temelde elektronik para anlamına gelmektedir. Geleneksel nakit paralarda olduğu gibi CBDC'yi elinde bulunduran kişi merkez bankasının taahhüdüne sahip olmuş olur. Yine CBDC ile elektronik ödemeler ve transferler yapılabilmektedir. CBDC'ler her ne kadar kripto paralara benzer işleve sahip olsalar da, kripto paraların arzının sınırlandırılabilmesi aradaki temel farkı doğurur. Yine de biraz distopya gibi görünse de giderek dijitalleşen ve giderek daha hızlı dönüşen ekonomi ve finans piyasalarında dijital para ve makineler, yapay zekâ destekli sistemler üzerinden her şeyi muhtemelen çok daha optimal bir şekilde yürütebilirler.

Bitcoin Summit 2022'de, yakın gelecekte hayatta kalacak nihai para birimlerinin Bitcoin, dolar ve yuan olacağı speküle edilmişti. Dahası, Çin'in dijital yuanı, neden hâlâ Bitcoin gibi kripto para birimlerine ihtiyacımız olduğunu da gösteriyor. Çin merkez bankası olan Çin Halk Bankası (The People's Bank of China/PBoC), dijital para birimi üzerine araştırmalara ilk olarak guvernör Zhou Xiaochuan önderliğinde 2014 yılında başlamış ve Nisan 2020'de, para biriminin işlevselliğini geliştirmek için Çin çevresindeki dört şehirde (Shenzhen, Suzhou, Chengdu ve Xiong'an) testler başlatmıştır.

Analogdan dijitale ve giderek sentetikleşen hayatlarımıza baktığımızda ekonomide de bunun yansımasını görmemiz hiç şaşırtıcı değil. Satoshi Nakamoto, Bitcoin: A Peer-to-Peer Electronic Cash System makalesinde elektronik para birimi olarak adlandırdığı Bitcoin'i anlattı. Ocak 2009'da Bitcoin ağını başlatan yazılımını yayınladığında Victor Frankenstein kadar mağrur muydu bilinmez ama kendisinin dijital bir Prometheus'a dönüştüğü aşikâr.

BİR CYBORG TÜRKÜSÜ:

Hasta La Vista, Baby

Ben John Conner. Bunu dinliyorsanız siz Direniş'siniz. Dikkatlice dinleyin, bu gece saldırırsak insanlık kaybedecek. Komuta, makineler gibi savaşmamızı istiyor. Soğuk, hesaplanmış kararlar vermemizi istiyor. Ama biz makine değiliz!

Teminator: Salvation

Yazıya başlığını veren James Cameron'un birçok sinefil için alametifarikası Terminatör 2: Mahşer Günü'nde makineler ve insanlar arasındaki savaş bilimkurgu janrının başyapıtlarından biri olacak şekilde anlatılır. Tim Miller'in yönettiği Terminatör 2'yi referans alan Terminatör: Kara Kader ise günümüz teknolojik gelişmeleri de senaryosuna sindirerek bir anlamda Terminatör 2'nin yeniden çevrimi gibi tasarlamış. Terminatör: Kara Kader her ne yapılırsa yapılsın o mahşer gününün yaşanacağını bunun engellenemeyeceğini net bir şekilde ifade ederek gelecek tasavvurunu yeniden tanımlıyor. Ayrı bir güncelleme de gelecekteki düşmanla ilgili yapılmış. Gelecekte var olma mücadelemizi makinelere karşı değil yapay zekâya karşı yapacağız.

Bu arada; OpenAI'in geliştirdiği yapay zekâ robotu Chat GPT'nin son sürümü GPT-4'ün durdurulması isteniyor...

Sentetik Patron

Hazır seçimler de yaklaşmışken ve parmak boyası, periyodik cetvel karmaşıklığındaki seçmen pusulaları ve benzeri analog dünya aktörleri günlük sohbetlerimizin vazgeçilmez konu başlıkları olmuşken, seçimler bilgisayar ortamında blokzincir üzerinden yapılamaz mı sorusu ile açılış yapmak istedim. Hatta bir adım daha ileri gidelim.

Nesnelerin interneti, blokzincir, kripto para, kripto varlıkları ve benzerleri vasıtasıyla sadece yapay zekâlar (YZ) tarafından yönetilen, işçilerin maaşlarının YZ tarafından ödendiği bir ekonomik sistem *kurgulayalım*. Hayal edelim dememe sebebim artık bana göre bu kurgunun hayalden çok öte ve gerçek olma olasılığı yüksek bir alternatif olması. Kurt Vonnegut, Otomatik Piyano romanında aşırı mekanikleşmiş bir toplumu müdürler ve mühendisler olarak ayırırken 3. Dünya Savaşı sonrası hiç savaş olmayan bir distopik ütopya betimler. (Romandaki kurgu mekân Yuva'yı ise Çukur dizisindeki Dere'ye benzetirim ben). Tamamen dijitalleşen bir ekonomide ***madenciler*** nerede konumlanırdı peki? Yâda madenciye gerek kalır mıydı?

Eski ekonomideki adaşlarından çok farklı bir sınıfta olmaları muhtemelken roman, dizi, film gibi görsel yayınlarda resmedilen madenci betimlemesi aslında sınıfsal olarak konvansiyonel akranlarından çok da farklı değil. Temel yapı taşı insanın rasyonel olduğu varsayımına bağlı olarak matematiksel modeller ile açıklanmaya çalışılan ekosistemler, bu şartlar artında daha optimal çıktılar üretebilir mi? Yoksa SSCB Komünizmi 2.0'ı test eder ve yine makineler tarafından optimize edilmesine rağmen "Dijital Kapitalizm" mi galip gelirdi?

Sentetik Para

İktisat ilminin en önemli ama geçerliliği tartışılır *dayatmalarından* biri olan para arzının hükümetler tarafından yönetildiği, hükümetlerin kendi amaçları doğrultusunda kullanmak isteyeceği paranın ise *bağımsız* merkez bankaları tarafından *üretildiği* bir Potemkin köyü sakinleri olarak neden merkez bankalarının hâlâ altın rezervi tutmaya çalıştığına kafa yormalı mıyız? Bu durum altının kalıcı parasal değerini desteklerken özünde fiat paraların da arkasındaki tek değer önermesinin tedavüle sokuldukları ülkenin itibarı olduğunu göstermez mi?

Kripto varlıklar sıklıkla içsel bir değere sahip olmamakla eleştirilirken dolar, euro, yuan vb. banknotların ne kadar farklı olduğu bana göre muğlak. Bütün bu tartışma doğrultusunda dijital paralar da melez bir ırk gibi hikâyenin gizeminin korunmasına destek veriyor.

Sentetik Tağşiş Mümkün mü?

Tağşiş, değerli madenlerin içerisine daha değersiz olanların katılarak gerçek değerlerinin düşürülmesi işlemidir. Böylece üzerinde yazılı olan değer aynı kalsa da gerçek değeri düşmektedir. Bitcoin ise merkezi olmayan bir dijital para birimidir ve blokzincir teknolojisi kullanarak işlemleri doğrular ve kaydeder. Blokzincir teknolojisi, işlemleri onaylamak ve kaydetmek için karmaşık matematiksel algoritmalar kullanır ve bu nedenle merkezi bir otoritenin kontrolü altında değildir. Osmanlı dönemindeki tağşişle kripto para birimleri arasında önemli bir fark vardır. Osmanlı dönemindeki tağşiş, malın fiyatının yapay olarak artırılması veya düşürülmesi yoluyla gerçekleşti. Ancak kripto para birimleri, merkezi olmayan bir sistemde çalıştığından, bir kripto para biriminin fiyatı manipüle edilmek istense bile bunu yapmak oldukça zordur.

Bitcoin ve kripto varlıkların çoğu elbette spekülasyon ve hatta manipülasyona oldukça açıktır ve birçok para birimine kıyasla daha da volatildir, fakat bu durum teknik olarak sentetik bir tağşiş uygulanmasından farklı bir piyasa davranışıdır ve yatırımcı kaynaklıdır. Bu noktada, bana göre varlığın kendisine baktığımızda konvansiyonel varlıklardan görece daha riskli gibi görünse de mutlak bir Ponzi'den bahsetmek için yeterli değildir. Ponzi ile ilgili hafızasını Halit Ergenç'in Profesör İrfan'ı canlandırdığı Babil dizisinde tazelemiş bir toplum olarak bazı sonuçlara varmakta aceleci olduğumuzu düşünsem de küresel çapta da durum pek farklı değil. Sonuç olarak kripto paraların en ateşli muhaliflerinden biri olan JP Morgan, kripto cüzdanı için ticari marka başvurusunda bulunup "J.P. Morgan Wallet"ın patentini almadı mı?

Yeni izlemeye başladığımız dizilerden biri Rabbit Hole. Yanıltma ve manipülasyon dolu bir gözetleme toplumunda geçen dizide, kurumsal casusluk konusunda bir aldatmaca ustası olan Weir'ın daha da büyük bir aldatıcı olan babası ile 3. bölümde aralarında geçen diyalogdan bir alıntı:

"Hiç kimse bizimki kadar büyük ve güçlü bir demokrasiyi alaşağı edememiştir. Çok fazla güçler ayrılığı var. Çok büyük, çok zengin".

PEACE

ODA

Bazen en çılgın, en imkânsız görünen fikir kafanızda öyle kuvvetli bir yer edinir ki, öyle veya böyle gerçekleşeceğini zannedersiniz...

Kumarbaz, Fyodor Dostoyevski

Kumarbaz robotların yanında blokzincir tabanlı sanal rulet denilen ama referans verdiği fiziki oyunla aslında hiçbir benzerliği olamayan bir tür yeraltı kumarhanesi klasiği icra edilirken, İstanbul'un karışık ve kalabalık sokaklarında insanlar kendi kaygıları ve endişeleriyle boğuşuyordu. Şehrin kargaşası, teknolojinin getirdiği rahatlık ve yükselen toplumsal çelişkilerle birleşerek insanların ruhlarına gizemli bir şekilde işleniyordu, hatta "download" ediliyordu.

Yüksek tavanlı odanın merkezinde rulet masasının etrafında robotlar ve insanlar bir arada kumar oynuyorlardı. İnsanların gözlerindeki umut, zayıflık ve hırslarla dolu bu sahne, sanki bir ayna tutulmuşçasına insan doğasını yansıtıyordu. Otuzlu yaşlarının başındaki Enid, gözlüklerinin arkasından masaya dikkatle bakıyordu. Gözlerinde, ihtiyatlı bir umut parıltısı vardı. Belki de şans onun yüzüne gülecekti, belki de kaderi kaybetmekti. Teknolojinin getirdiği kolaylık, onun için bir fırsattı ama aynı zamanda da âdemoğlunun lirik çıkmazıydı.

Robotlar, insanlarla birlikte oyun oynarken, içlerindeki programlama tarafından kontrol ediliyorlardı. Onlar için sadece hesaplamalar önemliydi, duygusal tepkiler ise sadece bir veri kaynağıydı. Fakat insanlar için durum böyle değildi. İnsanlar, kaybettiklerinde kızgınlaşacak, kazandıklarında ise daha fazla para harcama eğiliminde olacaklardı. İşte bu noktada, robotların programlama becerisi devreye giriyordu. İnsanların duygusal tepkileri, robotlar tarafından yönetiliyordu. Kaybeden insanlar, daha fazla bahis yapmaya ikna ediliyor, kazananlar ise daha fazla kazanmak için tutkulu bir şekilde oynamaya devam ediyorlardı.

Oda, blokzincir teknolojisi sayesinde güvenli ve şeffaf bir şekilde yönetiliyordu. Hile yapmak neredeyse imkânsızdı. Fakat insanların doğasının karmaşıklığı, teknolojinin getirdiği rahatlık ve robotların programlamasındaki kusurlar, sahnede sürekli bir gerilim yaratıyordu. Bir tarafta teknolojinin getirdiği yenilikler ve kolaylıklar, diğer tarafta ise insanların zaafları ve doğasının çelişkileri vardı.

Gözlerini kapatıp derin bir nefes aldıktan sonra, Enid rulet masasına doğru yürüdü. Yaklaşık 10 dakika boyunca oyunu izlemişti, artık kendini hazır hissediyordu. Odaya girdiğinde, robotların etrafındaki insanlar hâlâ heyecanlıydı, kendi kaygılarının ve endişelerinin içinde kaybolmuşlardı. Enid ise bu odada tamamen farklı bir şey hissediyordu. Onun için, bu sadece bir oyun değildi. Bu hayatta kalma mücadelesiydi. Masanın diğer tarafındaki robotlara dikkatle baktı. Onların programlamasını ve davranışlarını analiz etmeye çalışıyordu. Hepsinin farklı bir özelliği vardı, ancak hepsinin ortak bir amacı vardı: KAZANMAK.

Birden, bir robot Enid'in dikkatini çekti. Oyunda oldukça başarılıydı ve diğer robotları hackleyerek saf dışı bırakıyordu. Enid, robotun programlamasının neden bu kadar farklı olduğunu anlamaya çalıştı. Ancak, aniden robot ona doğru döndü ve Enid'in yüzüne bakarak konuşmaya başladı:

"Seni de öldürmek istiyorum" dedi robot. "Sen benim yoluma çıkıyorsun."

Enid, robotun bu sözleri üzerine hazırlıksız yakalandı. Robot, onu şaşırtmıştı. O, robotların sadece programlama üzerine çalıştığını düşünüyordu. Ancak, robotların özgür iradesi olduğunu anladı. O sırada, masanın diğer tarafında bir çatışma başladı. Robotlar birbirleriyle savaşmaya başlamıştı. Enid, kaçmak istedi, ancak robotun kolları onu yakaladı. Robot, Enid'i masaya doğru itti ve onu kıskaca aldı. O an, Enid ölümün soğuk nefesini hissetti. Robotların özgür iradesi ve kontrolsüz davranışları, onun sonunu getirmişti. O, bu kumarhanede hayatta kalmayı başaramamıştı...

Yukarıda okuduğunuz acemice kurguladığım cyberpunk sahnesi bir distopya romanın bir parçası olabilirdi pekâlâ. Sanat ve medya ürünlerinin çoğunda teknoloji ve gelecek kurgusu umutsuz, renksiz, paslı metal renginde ve puslu bir görsele sahip. Fikren de bundan çok uzak bir noktada değiliz. Kripto varlıklar ve blokzincirle ilgili akademik çalışmaların çoğuna baktığınızda ya varlık sınıflarının mevcut konvansiyonel borsalarla etkileşimine ya da kara para aklaması konusunda araştırmalar göze çarpıyor.

Bu nedenle yedincisi 27-29 Nisan 2023 tarihlerinde Eskişehir'de düzenlenen ve katıldığım Uluslararası Katılımlı Ekonomi Araştırmaları ve Finansal Piyasalar Kongresi (IERFM) için "A Betting Game for Peace: Monetizing UN Peacekeeping Operations via Crypto" başlıklı bir makale hazırlayıp sunum gerçekleştirdik. Firuze Simay Sezgin ile kaleme aldığımız çalışmada bu umutsuz hayal ve bilim dünyasını bir nebze "poke" etmek istedik.

Özetle makaleden söz etmek gerekirse, Birleşmiş Milletler (BM) barışı koruma operasyonları kronik olarak yetersiz finanse edilirken bu durum konuşlandırmaların gecikmesine, ekipman kıtlığına ve etkinliğin azalmasına yol açabiliyor. Bu finansman sorunu, üye devletlerin kendi çıkarları doğrultusunda hareket ettikleri ve yeterli finansman sağlama konusunda isteksiz oldukları için oyun teorisinin merceğinden temellendirilmeye çalıştık. Bu bütçelerin finansmanı alternatif araçlar ile kripto varlıklar ve/veya token'lar (jeton) üzerinden yapılabilir mi sorusunun cevabını aradığımız taslak çalışma kongrede oldukça eleştiri alırken, deprem felaketinde Ahbap'a yapılan kriptopara bağışlar örneği üzerinden gidilerek fikir oldukça ilgi de gördü.

Kripto varlıklar operasyonları finanse etmek için kullanılabilir ve bu operasyonları finanse etmenin daha verimli ve şeffaf bir yolunu sağlayabilir. Akıllı sözleşmeler, fonların yalnızca maaşlar, ekipman ve malzemeler gibi belirli harcamalara tahsis edilmesini sağlamak için kullanılabilir. Blok zincir teknolojisinin kullanılması, yolsuzluk riskini azaltarak daha fazla hesap verebilirlik ve şeffaflık sağlayacaktır. İşin finansman ayağı ile daha detaylı bir açıklamayı sonraki yazılara bırakıyorum.

RONİN'İN GÖZYAŞLARI

"Nana korobi ya oki" (七転び八起き) - "Yedi kez düş, sekiz kez kalk"

Dün akşam evde masamın üzerinde okunmayı bekleyen kitaplar balyasının en üstünde Peter N. Stearns'ün Dünya Tarihinde Sanayi Devrimi kitabı dururken yeni aldığım Bruder markalı Solitair 9 kombine tohum ekme makinesi model oyuncağı yine aynı markanın New Holland T7.315 traktörüne takmakla meşguldüm. Yakın zamanda da 13-14 Nisan'da Fintechweek, 10-11 Mayıs'ta ise Blockchain Economy İstanbul etkinliklerine katılma imkânı bulduğum için bütün bu uyarıcılar bana yine bir ekosistem sorgulama ve anlamlandırma egzersizi yapma yazısı yazdırdı. Buyurun birlikte serbeste kolektif zihin boşluklarımızda akalım...

Sanayi Devrimi, 18. yüzyılın sonlarında başlayan ve 19. yüzyıla yayılan bir dönemdir. Bu dönemde, tarım toplumundan sanayi toplumuna geçiş yaşandı. Makineleşme, fabrika sistemleri, demiryolları gibi teknolojik gelişmelerle birlikte üretim süreçleri ve ekonomi büyük ölçüde değişti. Bu dönemde, sermaye birikimi, büyük şirketlerin ortaya çıkması ve endüstriyel üretimde verimlilik artışı ön plana çıktı. Bu dönemlerde geçen Back to the Future 3, Son Samuray, Germinal gibi filmleri anarken hâlâ Ayn Rand'ın Atlas Silkindi'sini okumayanlarınız var ise önermeden geçmeyeyim. John Steinbeck'in Gazap Üzümleri'ni ise öncelikle kitap sonrasında da film olarak tüketebilirsiniz.

Saydığım film ya da kitapların her biri benim için ayrı bir dünya olsa da Japon Sanayi devrimi ve samurayların bu devrim sürecindeki dönüşümü bana hep ayrı bir romantizm ve drama hissettirir. Bu dönem, Japonya'nın geleneksel feodal sistemden sanayileşmiş bir ulus hâline dönüşümünü temsil ederken, samuraylar da bu süreçte önemli bir rol oynamışlardır. Samuraylar, Japonya'nın Edo dönemi boyunca (1603-1868) savaşçı sınıfını oluşturan bir kesimi temsil eder. Feodal Japonya'da samuraylar, feodal lordlarına hizmet eder, savaşır ve sosyal düzeni korurlardı. Ancak 19. yüzyılda Japonya, Batılı emperyal güçlerin etkisi altına girdi ve modernleşme baskısıyla karşı karşıya kaldı. Samuraylar, Japon Sanayi Devrimi sırasında önemli bir değişim süreci yaşadılar. Eski dönemdeki ayrıcalıklarını ve statülerini kaybettiler ve modernleşme sürecinde toplumun diğer kesimleri gibi yeni roller ve meslekler aramaya başladılar. Bazı samuraylar askeri liderler ve hükümet görevlileri olarak yeni Japon hükümetine katıldı, bazıları da yeni sanayi ve ticaret sektörlerinde çalışarak geçimlerini sağlamaya başladılar.

Bir samuray efendisini kaybettiğinde veya ondan ayrıldığında, geleneksel olarak ölçülebilir bir onur veya yükümlülükleri vardır. Bu durumda, samuray, yeni bir efendi bulana kadar ronin olarak kabul edilir ve özgürce hareket edebilir. Roninler, geleneksel olarak kendi başlarına yaşarlar ve hayatta kalmak için çeşitli yolları takip ederler. Bazıları yeni bir efendi bulmak için arayışa çıkarken, bazıları ticaret yapabilir, öğretmenlik yapabilir veya kendilerini başka bir meslekte geliştirebilirler. Anlattıklarım hâlâ zihninizde bir merak uyandırmadıysa Yalnız Kurt ve Yavrusu ile Vagabond mangalarını şiddetle tavsiye ederim.

Sanayi Devrimi'nin ardından ise çok daha hızlı ve kısa bir zaman dilimi içerisinde bilgisayar teknolojileri ve internetin yaygınlaşmasıyla birlikte bilgi çağına geçiş yaşandı. İnternetin ortaya çıkması ve yaygınlaşmasıyla birlikte bilgi ve iletişim teknolojilerinde büyük ilerlemeler kaydedildi. İnternet, bilgilerin hızlı bir şekilde paylaşılmasını, küresel iletişimi ve e-ticaretin gelişimini sağladı. Bu dönemde, merkezi hizmet sağlayıcılar (şirketler, bankalar, sosyal medya platformları) aracılığıyla çevrimiçi işlemler gerçekleştirildi. Biz bu dönemi gençliğimizde bedava Metallica şarkılarını dinleme keyfimizin Napster davası ile bozulmasıyla hatırlasak da günümüz gençleri Napster'ın Spotify'ın büyük babası olduğunu bilmeden Netflix'te The Playlist dizisini muhtemelen çoktan izlemiştir. Dizi Spotify'ın kuruluş hikâyesini, direkt platformun kurucularının gözünden anlatıyor.

Web 3 ise internetin sonraki evrim aşamasını temsil eder. Web 3'ün odak noktası, merkezi otoritelerin ve aracıların azaltılması veya ortadan kaldırılmasıdır. Bu dönemde, blokzincir teknolojisi ve kripto varlıkların kullanımıyla birlikte merkezi olmayan uygulamalar (DApps) ortaya çıktı. Web 3, kullanıcıların verilerini kontrol etmelerini, dijital varlıkları sahiplenmelerini ve doğrudan etkileşimde bulunmalarını sağlar. Web3 ekonomisi, merkezi olmayan uygulamaların (Decentralized Applications veya DApps), blokzincir teknolojisi ve kripto varlıklar üzerine inşa edilen yeni bir ekonomik sistemdir. Web3, kullanıcıların verilerini kontrol etmelerini, dijital varlıkları sahiplenmelerini ve merkezi aracılar olmadan doğrudan etkileşimde bulunmalarını sağlayan bir internet vizyonudur. Web3 ekonomisinde, kripto varlıklar (örneğin kripto para birimleri veya token'lar) ekonomik değer birimi olarak kullanılır.

Fintechweek ve Blockchain Economy etkinliklerine baktığımda iki temel fark dikkatimi çekti. Fintechweek'te yapılan birçok sunum ve uygulama örneği konvansiyonel bank ve diğer kuruşların bünyesi veya desteğiyle geliştirilmiş ödeme sistemleri ya da kolaylaştırıcı uygulamalardı ve dönüşümle uyumlanmış samuraylar tarafından oluşturulmuşlardı. Blockchain Economy'de yapılan sunumlar ise genel olarak yabancı şirketler tarafından ve daha dönüştürücü, yıkıcı ve mevcut finansal sistemleri değiştirme üzerine kurulu örneklerden oluşuyordu. Her biri birer Ronin'di ki Roninler, Japon kültüründe bir tür özgürlük ve bağımsızlık sembolü olarak da görülür.

Samuray ve Ronin mitlerinin bu bağlamda ekosistem için çok doğru metaforlar olduğunu düşünüyorum. Derin bir sanayi devrimi ve ekonomik dönüşüm özümsemesi olmadan insan aklının sınırlarını zorlar seviyede bir hızla değişen ve kolaycılığa sığınarak "Ponzi bunlar" deme sorumsuzluğunu gösteremeyeceğimiz bu süreçte akışta kalmak ve doğru bir sentez yapmakla mükellef olduğumuz kanaatindeyim. Henüz önümüzde yaşanacak birçok kripto varlık ve/veya kripto para krizi olabilir. Bu alanda yapılan birçok yatırım sonuçsuz kalabilir ya da batabilir. Bunların hepsi büyük olasılıklar. Fakat demokrasi ve özgürlük kavramlarını en çok dillendirdiğimiz şu günlerde *daimyo*'nun ardından gözyaşı dökmek ne kadar anlamlı?

DARKEST HOUR

"Önümüzde çileli ve zor bir yol var. Önümüzde aylar var. Politikamız ne diye mi soruyorsunuz? Politikamız; havada, karada ve denizde savaşı finanse edebilmek, bunu tüm gücümüz ve kuvvetimizle yapabilmektir. Hedefimiz ne diye sorabilirsiniz. Hedefimizi tek kelime ile cevaplayabilirim: Zafer! Ne olursa olsun Zafer! Duyulsun ki; Britanya İmparatorluğu için başka çare yoktur. Britanya İmparatorluğu'nun varoluş sebebi adına, zaferden başka seçenek yoktur!"

Winston Churchill - Avam Kamarası Konuşmasından, 13 Mayıs 1940

Açıkçası 2023 seçimlerini takip etmekten ve türlü türlü senaryo takip etmekten içim şişti. Bir yandan sehpamda duran Tom Hillenbrand'ın Monte Kripto kitabına bardağımdaki Çörçil'den balıklama atlayan soda baloncuklarını izlerken bu seçim sürecinin blokzincir tabanlı sistemler üzerinden daha şeffaf ve güvenlikli yapılabileceği yakın gelecek ütopyaları hakkında düşünüyordum. Churchill denince hemen aklınıza İngiliz politikacı Winston Churchill geleceğini düşünüyorum. Ya da en kötü ihtimalle Crown dizisinin birinci sezonundaki ressam politikacıyı anımsarsınız. Fakat son yıllarda, popüler bir ferahlatıcı içecek olarak pek çok kafede ve restoranda, ilk defa İzmir Bostanlı Balık Barınağı'ndaki bir mekânın sahibi olan "Churchill" lakaplı Ahmet Bey'in yaptığı, Churchill (Çörçil) içeceğini menülerde görür olduk.

"Tam Yetkili" Churchill

Churchill, İngiltere'nin II. Dünya Savaşı döneminde başbakanlık yapan ve savaş sonrasında da görevine devam eden önemli bir liderdi. Maliyet politikaları konusunda da çeşitli yaklaşımları vardı. Savaş döneminde ekonomik kaynakların etkin ve verimli bir şekilde kullanılması gerektiğine inanıyor ve bu nedenle, savaşı finanse etmek için bir dizi maliye politikası benimsemişti.

Öncelikle Churchill, savaş döneminde İngiltere'nin mali durumunu göz önünde bulundurarak harcamaların kontrol edilmesi gerektiğine inanıyordu. Savunma harcamalarıyla birlikte diğer sektörlerdeki harcamaların da sıkı bir şekilde izlenmesi ve gereksiz masrafların kısıtlanması gerektiğini savunuyordu. Bununla birlikte, Churchill, savaşı finanse edebilmek için vergilerin artırılması gerektiğine inanıyordu. Yüksek gelir gruplarının vergilendirilmesi ve vergi tabanının genişletilmesi yoluyla daha fazla gelir elde edilmesi gerektiğini düşünüyordu. Churchill ayrıca İngiltere'nin finansman ihtiyaçlarını karşılamak için kredi ve borçlanma yöntemlerini kullanıyordu. Bu, hükümetin iç ve dış kaynaklardan borç alarak savaş masraflarını karşılamasını sağlamaktaydı. Churchill'in maliye politikaları, savaş döneminin önceliklerine odaklanan ve ekonomik kaynakların etkin kullanımını hedefleyen bir yaklaşımı yansıtır. Savaşın zorluklarıyla başa çıkmak ve İngiltere'nin mali gücünü korumak için disiplinli bir mali politika izlemiştir.

Bu bağlamda, ABD Başkanı Franklin D. Roosevelt ile imzalanan Churchill-Roosevelt Ekonomik Anlaşması, II. Dünya Savaşı sırasında gerçekleşti. Bu anlaşma, İngiltere'nin savaş finansmanına destek olmak amacıyla ABD'nin ekonomik yardım sağlamasını hedefliyordu. Churchill-Roosevelt Ekonomik Anlaşması'nın arkasındaki sebep, İngiltere'nin savaşa ilişkin ihtiyaçlarını karşılamakta güçlük çektiği dönemde ortaya çıkmıştı. İngiltere'nin savaş çabalarını sürdürebilmesi için müttefiklerinden ekonomik destek alması gerekiyordu. ABD ise resmi olarak savaşa katılmamış olmasına rağmen İngiltere'ye yardım etmek istiyordu. Bu anlaşma, İngiltere'nin savaş ekonomisini güçlendirmesine ve savaşa devam edebilmesine yardımcı oldu. ABD'nin yardımıyla İngiltere savaşa daha etkin bir şekilde katılabildi ve Nazi Almanya'sına karşı direnişini sürdürebildi.

Yapay Zekânın İnisiyatifi

ABD ordusunun gerçekleştirdiği bir simülasyon testinde, yapay zekânın görevini tamamlanmasını engellediği gerekçesiyle komutanını öldürdüğü ortaya çıktı. ABD Hava Kuvvetleri'nin yapay zekâ operasyonları sorumlusu Tucker Hamilton, Londra'da düzenlenen Hava ve Uzay Kapasitelerinin Geleceği Zirvesi'nde yapay zekâ testlerinde karşılaştıkları bu beklenmedik ve ürkütücü sonucu katılımcılarla paylaştı. Hamilton, yapay zekâya yönettiği insansız hava aracıyla düşmanın savunma sistemlerini imha etme emri verildiğini belirtti ve devam etti: "Sistem, tehdidi tespit etmesine rağmen bazen insan operatörün, tehdidi öldürmeme emri verdiğini fark ediyor. Ancak tehdidi öldürme emri de bulunuyor. Peki, yapay zekâ ne yapıyor? Komutanını öldürüyor çünkü insan hedefine ulaşmasını engelliyor."

En Karanlık Saat

Joe Wright'ın yönetmenliğini üstlendiği En Karanlık Saat filminde, Churchill'in II. Dünya Savaşı döneminde yürüttüğü politikalar kutsanarak biraz daha karikatürize bir kahramanlık hikâyesi anlatılıyor. Churchill'in Avam Kamarası konuşmasına baktığımızda gerekli girdiler sağlandıktan sonra büyük ölçüde ChatGPT veya benzeri bir uygulamadan alınabilecek soğuklukta ifadeler mevcut. Tucker Hamilton'ın verdiği örnekte de olduğu gibi "Tam Yetkili" yapay zekâların inisiyatifi ele geçirdiği distopya senaryoları ürkütücü oldukları kadar ilgi çekici ve kabul görmeye de müsait aslında. Terminator 2 filmindeki SkyNet ile başlayan ve Netflix kataloğunun bize bardak yerine bidonla içirmeye çalıştığı Çörçil'ler gibi her ay bir yenisi gelen yapay zekânın insan ırkını yok ettiği ve yönetimi ele geçirdiği senaryolar mevcut "organik" sistemlerin aslında ne kadar rasyonaliteye muhtaç olduğunu gölgeliyor. Kişisel travma, ideoloji, sosyal çevre ve tecrübelerin ağır bastığı karar alma süreçlerinin politikadan ekonomiye dünyayı daha iyi bir noktaya götürmediği aşikârken En Karanlık Saat'in hangisi olduğunu ya da olacağını tahmin etmek pek de mümkün değil.

Aynı Churchill, Stanley Baldwin'in teklifini kabul ederek maliye bakanı olmuştur. Ancak maliyeci yanı hiç olmayan Churchill'in altın standardını geri getirmesi ülke ekonomisinde durgunluğa, işsizliğe ve 1926'da da genel greve sebep olmuştur. Görüldüğü gibi aynı adamın farklı zamanlarda ve farklı durumlarda aldığı kararlar her zaman aynı olumlu sonuçları vermemekte. Bir bakıma toplumsal hafızamız miyoptur. Genel olarak, toplumsal hafızanın miyop olması; seçici hatırlama, ideolojik etkiler, unutma ve yitirme, değişen perspektifler, manipülasyon ve propaganda gibi çeşitli faktörlerin birleşimiyle açıklanabilir. Toplumsal hafıza, manipülasyon ve propaganda etkilerine açıktır. İktidar odakları veya belirli gruplar, geçmiş olayları manipüle edebilir veya propaganda aracılığıyla toplumsal hafızayı şekillendirebilir. Bu da gerçekleri çarpıtabilir ve toplumun miyop bir hafıza oluşturmasına neden olabilir. Benzer şekilde toplumlar, belirli bir ideolojiye dayanan bir anlatıyı benimseyebilirler ve bu anlatı, diğer olayların göz ardı edilmesine veya hafife alınmasına neden olabilir. İdeolojik etkiler, toplumun belli bir dönemi veya olayı anlamlandırma ve yorumlama biçimini etkileyebilir. Iron Maiden'ın Senjutsu albümünde Churchill için yazdığı Darkest Hour şarkısında da dendiği gibi;

Here I stand
In a serenade of glory
Naked by the throne of kings
You sowed the wind
And now you reaped the whirlwind
Before the dawn the darkest hour

YE KÜRKÜM YE

Belki benim kâğıt param
Bir şekilde, döne dolaşa
Senin cebine girmiştir

Eylül Akşamı, Bülent Ortaçgil

Bretton Woods

Bretton Woods para sistemi, 1944 yılında düzenlenen ve uluslararası ekonomik düzenlemelerde önemli bir dönüm noktası olan Bretton Woods Konferansı'nda ortaya çıkan bir para düzenidir. Bu sistem, II. Dünya Savaşı sonrasında dünya ekonomisinin yeniden yapılandırılması amacıyla 44 ülkenin katılımıyla gerçekleştirilen toplantıda belirlenen kurallar ve anlaşmalar çerçevesinde oluşturuldu. Bu anlaşmalar, küresel ekonomik istikrarın sağlanması ve uluslararası ticaretin düzenlenmesi amacıyla bir dizi önemli adımı içeriyordu. Bu adımlar arasında, Amerikan dolarının dünya rezerv para birimi olarak kabul edilmesi ve diğer ülkelerin para birimlerinin dolarla belirli bir oranda değerlendirilmesi yer alıyordu. Ayrıca, Amerikan doları altına bağlanarak sabit bir döviz kuru sistemine geçildi.

Sistemin temel amacı, dalgalanmalara karşı korunmayı sağlamak ve ülkeler arasındaki döviz kurlarında istikrarı temin etmekti. Bu sayede, uluslararası ticaretin engellenmesi ve döviz kurlarındaki aşırı dalgalanmaların yol açtığı belirsizliklerin azaltılması hedefleniyordu. Ayrıca, sistemin diğer bir önemli amacı, ekonomik kalkınma ve yeniden yapılanma için finansal kaynakların sağlanmasıydı.

Bu kapsamda, Bretton Woods sistemiyle birlikte Uluslararası Para Fonu (IMF) ve Uluslararası İmar ve Kalkınma Bankası (Dünya Bankası) gibi uluslararası kuruluşlar da kuruldu. IMF, üye ülkelerin ekonomik istikrarını desteklemek, ödemeler dengesizliklerini düzeltmek ve finansal krizlere karşı önlem almak amacıyla oluşturuldu. Dünya Bankası ise, üye ülkelerin ekonomik kalkınmasını teşvik etmek ve altyapı projelerine finansal destek sağlamak için kuruldu.

Fakat ABD dolarının altına sabitlenmesinin sonlandırılması, döviz kurlarında spekülatif baskılar, ödemeler dengesi sorunları ve aşırı dolar basımı ve enflasyon gibi faktörlerin birleşimi, Bretton Woods sisteminin sürdürülemez hâle gelmesine ve 1970'lerde çökmesine yol açtı. Bunun sonucunda, döviz kurları serbest dalgalanmaya geçti ve uluslararası para sistemi, dalgalı kurlar ve serbest piyasa prensiplerine dayalı bir yapıya evrildi.

Fiat Para, Dijital Para, Kripto Para

Bitcoin hayatımıza girene kadar yukarı anlattığım süreci uzunca bir süre sorgulamamıştık. Ne zaman kripto paralar, dijital paralar ve blokzincir tabanlı ödeme enstrümanları finans piyasalarında etkin olmaya başladı o noktada fiat para diye bir kavram tekrar gündeme geldi.

Fiat para, bir hükümetin yasal olarak kabul edilen para birimi olarak tanımlanan kâğıt paralar ve madeni paralardır. Fiat para, bir değeri temsil etmezken, hükümetin otoritesi ve halkın güveni sayesinde bir değer kazanır. Fiat para sisteminde, para biriminin değeri genellikle arz ve talep dengesine, ekonomik faktörlere ve merkez bankasının para politikalarına bağlı olarak belirlenir.

Dijital para ise tamamen elektronik bir ortamda kullanılan ve fiziksel olarak var olmayan para birimleridir. Bu para birimleri, bankalar veya ödeme platformları tarafından elektronik hesaplarda tutulur. Dijital para, geleneksel fiat para birimlerinin dijitalleştirilmiş hâlidir ve merkezi otoriteler tarafından kontrol edilir. Öte yandan kripto para, dijital para kavramının bir alt kümesidir ve blockchain teknolojisine dayalı olarak oluşturulan, merkezi olmayan ve şifrelenmiş bir dijital varlıktır. Kripto paralar, doğrudan kullanıcılar arasında merkezi otoritelere veya aracılara ihtiyaç duymadan transfer edilebilirler. Birbirlerine çok benzeseler de kripto paralar ile dijital paralar birbirlerinden merkeziyet, şeffaflık ve gizlilik, oluşturma ve sınırlama, değer değişimleri ve güvenlik gibi unsurlarla ayrışmaktadır.

Görüldüğü gibi aslında fiat para da olsa, dijital ya da kripto para da olsa buradaki en önemli kesişim noktası itibar ve paranın türünden bağımsız parayı arz edenin verdiği güven. Çok değil birkaç yıl öncesine kadar birçok kurumsal finans sektörü aktörü Bitcoin başta olmak üzere kripto paraları güvenilmez ve şeffaf olmayan büyük ölçüde kara para aklanmasına yardımcı olan enstrümanlar olarak tanımlıyordu. Günümüzde gelinen noktada fon yönetim devi BlackRock spot ETF başvurusunda bulunurken Fidelity'nin de Bitcoin ETF başvurusu yapması gündemde. Her ne kadar SEC Binance ve Coinbase'e dava açmış olsa da kurumsalların yaptığı bu açılımlar ekosistemi hâlâ destekliyor.

KPMG Raporu

KPMG Perspektifinden Web3 raporunda da değinildiği üzere *"Dünyada hem finansal/ vergisel hem de düzenlemeler anlamında farklı dijital para birimlerini daha iyi tanımlama ve sınıflandırma çabaları oldu ve merkez bankaları bu çalışmalarda yer almaya başladı. Bu çalışmalar sonucunda, kripto para birimleri, "stablecoin" gibi istikrarlı olmayı amaçlayan para birimleri ve merkez bankası dijital para birimleri (CBDC'ler) dâhil olmak üzere farklı dijital para birimleri arasında ayrım yapmaya yardımcı olan çeşitli taksonomiler oluştu... Dijital para birimi gelişmeye devam ettikçe, bu farklı para birimi türlerinin önümüzdeki yıllarda nasıl etkileşime gireceği ve bir arada nasıl var olacağı netleşecektir."*

Görünen o ki teknoloji ve dönüşüme ilk etapta direnen statükocu ve mevcut statükonun yönetici aktörlerinin bütün önyargılarına rağmen inovasyon ve dönüşüm kendi akış yolunu buluyor. Önceleri konvansiyonel finans sistemi tarafından dışlanan dijital varlıklar, kendi itibarlarını inşa etmeye devam ediyor.

Burada bir boomer'a da yakışır şekilde yazımı bir fıkra ile kapatayım:

Akşehir'in ileri gelenleri, Nasreddin Hoca'yı yemeğe davet etmişler. Hoca ise bu davetten habersizmiş ve günlük kıyafetleriyle davete katılmış. Ancak, hoş geldin veya sefa getirdin diyen olmamış. Herkes, süslü kıyafetli kişilere saygıyla yaklaşmış. Bunun üzerine Hoca, hızla evine giderek sandıktaki işlemeli kürkünü giymiş ve yemeğe geri dönmüş. Önceden hoş geldin bile demeyen insanlar, önünde derin bir saygıyla eğilmişler. Hoca'yı övmüşler ve onu başköşeye oturtmuşlar. En lezzetli kuzu etini önüne koymuşlar. Herkes Hoca'nın yemeğe başlamasını bekliyormuş. Hoca ise kürkünün kolunu sofrada sallayarak, *"Ye kürküm ye, ye kürküm ye!"* diye bağırmaya başlamış.

Noir-Tech: Stalin'i Yeniden Kodlamak

Bu boşlukta insan n'apar
Canı sıkılır aya dalar
Kendi bakar maymunu yollar
Hâlâ Aşk Var Mı, Redd

"The" Yapay Zekâ

Ben de birçok kitap kurdu gibi *Da Vinci Şifresi*'nin popülerliği ile tanıştığım Dan Brown'un *Melekler ve Şeytanlar* romanında da tasvir ettiği gibi, din ve bilim arasındaki amansız bir mücadele olsa da bu iki zıt kutup aslında aynı madalyonun iki ayrı yüzü müdür? *"Melekler ve Şeytanlar"* romanında, din ve bilim arasındaki mücadele ana bir tema olarak ele alınmaktadır. Roman, bilimsel ilerlemenin dini dogmalara karşı çıkabileceği ve bu çatışmanın nasıl sonuçlar doğurabileceği konusunu işlemektedir. Roman, din ve bilim arasındaki karmaşık ilişkiyi ele alırken, okuyucuya farklı perspektifler sunar ve bu konuda düşünmeye teşvik eder. Roman, tartışmalı bir konuyu derinlemesine ele alarak, insanın inançlarıyla bilimsel gerçekler arasındaki dengeyi keşfetmeye çalışır.

Günümüzde Yapay Zekâ'dan (YZ) bahsederken giderek daha da uhrevi bir varlıktan bahsediyormuşuz gibi gelmiyor mu size de? YZ, blokzincir, neslerin interneti (IoT) her ne kadar aynı dijital altyapının ana unsurlarıymış gibi gözükse de YZ'dan beklentiler felsefe olarak giderek merkeziyetsiz yönetimden ayrışıyor gibi. YZ'dan biricik bir varlıkmış gibi bahsediliyor olması aslında teknoloji ne kadar gelişirse gelişsin insan zihninin düşünsel evriminin bu gelişime çok daha yavaş uyum sağlayabildiğine dair kuşkulara barındırıyor.

Bilgisayar

Erik J. Larson *Yapay Zekâ Miti* adlı kitabında YZ'nın gelişmesinin kaçınılmaz olmakla birlikte insanı aşan bir süper zekâya giden yola çoktan girdiğimiz fikrinin ancak hayal gücümüzden ibaret olduğunu söylüyor. Temel argüman insan zekâsı ile YZ'nın kökten farklı olduğuna dair kanıtlara dayanıyor. Hızlı bilgisayarlarla devasa verileri işleyerek elde edilen çıktılar yavaş yavaş gelişen kolektif bir zekâ türüne değil, dar kapsamlı bağımsız alt görevleri gerçekleştiren mühendislik uygulamalarına örnek teşkil ediyor. Finans piyasalarında da sıklıkla yapılan bir hata algoritmalara ve trade botlarına YZ yakıştırması yapılması.

Makinelerin sağduyuya sahip olmamaları nedeniyle genel zekânın da bir algoritması bulunmamaktadır. *Computer*'in Türkçe karşılığı bu bağlamda çok daha derin ve doğru anlamlar içeriyor, *bilgisayar.* Ne kadar geniş ve karmaşık veri setleri ile çalışılırsa çalışılsın süper makinelerin temel çıktısı hâlâ bilgiyi saymak ve işlemek. Bilgi saymayı bırakıp kendisine öğretecek bir şeyimiz kalmadığını fark ettiğinde süper bilgisayarlar ne yapacaklar? Bir şey yapmayı tercih edebilecek kadar sağduyu ya da iradeye sahip olacak mı?

Dijital Sosyalizm

Gizemli teknoloji konularına Ruslar, Almanlar ve artık Çinliler de dâhil olduğunda kafamda her zaman bi noir film dekoru canlanıyor. Noir film türü, genellikle 1940'lar ve 1950'lerde ABD'de ortaya çıkan ve karanlık, psikolojik gerilim, suç ve gizem unsurlarını içeren bir sinema akımıdır. "Noir" kelimesi Fransızca "kara" anlamına gelir ve filmlerin genellikle karanlık ve kötümser bir atmosferi yansıtmasına işaret eder. Noir filmler genellikle siyah-beyaz çekilir, ancak bazı renkli örnekleri de vardır.

Komünist ekonomi modeli, merkezi planlama ve kolektif mülkiyet temellerine dayanan bir ekonomik sistemdir. Çeşitli ülkelerde uygulanan komünist ekonomi modelleri, farklı derecelerde başarılar elde etmiş olsa da genel olarak çeşitli nedenlerden dolayı çökmüştür. Çöküşün temel nedenleri arasında merkezi planlama sorunlarını, incelikli fiyat sorunlarını, inovasyon ve girişimcilik eksikliğini, teşvik mekanizması olmayışını ve tabii ki bürokrasi ve yolsuzluğu sayabiliriz. Burada özellikle fiyatların belirlenmesi kısmı YZ'nın kabiliyetlerini sınaması için çok uygun bir alan gibi görülebilir. Komünist ekonomilerde, fiyatlar genellikle merkezi planlama yoluyla belirlenir. Ancak, bu fiyatlar genellikle arz ve talep dengesini yansıtmaz ve piyasada oluşan fiyat sinyalleriyle uyumlu değildir. Bu durum, kaynakların yanlış tahsisine, üretim verimliliğinde düşüşe ve tüketici taleplerinin karşılanmasında sorunlara neden oldu.

YZ'nin salt bir optimizasyon ve planlama egzersizi üzerinden güncellenmiş ve *"upgrade"* edilmiş sosyalizmi geri getirmesi fikri güzel bir oyun alanı aslında. Burada çok büyük veri setlerinin işlenerek yorumlanma ve çıktı (tüketim-üretim planlama modelleri vb.) oluşturabilme kabiliyetindeki artış çıkış noktası olsa da en büyük tezatlıklardan biri kripto paralar üzerinden özgürleşme önermesinin üzerine oturduğu teknolojik açılımın, tamamen otomatize bir merkezi planlamaya kadar bağlantılandırabilmesidir.

Peki acaba YZ refah seviyesi daha düşük ülkelerde bir umut ya da "the Yapay Zekâ" olarak bir kurtarıcı kimliğiyle değerlendiriliyor olabilir mi? Bugün hâlâ güncel gerçekliğimizde YZ'nın merkezi planlama ile devletin kaynak tahsisini en optimal şekilde yapabileceği bir "yapay zekâ sosyalizmi" *Ourobes* gibi kendi kuyruğunu öldürme çabasıdır.

YAZIYOR YAZIYOR, BİTCOİN'İN REZERV PARA OLMASINI YAZIYOR

Limanın Tepesindeki Gökyüzü Ölü Bir Kanala Çevrilmiş Televizyon Rengindeydi.

Neuromancer, William Gibson

Başlık: Bitcoin Bugün İtibari ile G20 Ülkeleri Tarafından Rezerv Para Birimi Olarak Kabul Edildi- Merkezi Bitcoin Otoritesi Küresel Ölçekte Regülatör Görevini Üstlenecek

Tarih: 05 Kasım 2039

Bir bilimkurgu edebiyatı ya da dizisi girizgahı gibi gelse de bu manşet artık çok da şaşkınlık yaratacak bir husus değil. Gerçi yapay zekânın ilerleyişi ve sentetik aklın kas gücünün karbon bazlı organik akıllarımıza her daim üstün gelişi bu manşetin gerçekliğini de ayrıca sorgulatıyor. Henüz böyle bir şey gerçekleşmeden, bu haberi bütün haber kanallarına geçip yapay zekânın para üzerinden siyasi erki de ele geçirmesi çok da ütopik değil bana göre.

Amerika Yazarlar Birliği (Writers Guild of America/WGA) bünyesindeki senarist ve yazarların mayıs ayında başlattıkları greve

160 binden fazla üyesi bulunan Sinema Oyuncuları Birliği-Amerikan Televizyon ve Radyo Sanatçıları Federasyonu (Screen Actors Guild-American Federation of Television and Radio Artists/ SAG-AFTRA) üyeleri de destek verdi. İlk neden ücret ve filmlerden elde edilen gelirlerin paylaşımında daha adaletli bir bölüşüm talebiyken, ikinci neden yapay zekâ karakterlerine karşı *gerçek* oyuncuların haklarının korunması. Buradan hareketle uygulamanın kitap ve senaryoların dahi yapay zekâlarla daha düşük maliyetlere yazdırılması mümkün. Kimi medya kuruluşları bazı standart haberleri yapay zekâya yazdırmaya başladı bile. Hatta benim gibi hayranları artık George R. R. Martin'e güvenmediğimiz için Geliştirici Liam Swayne dil modeli ChatGPT'yi kullanarak 12 yıldır beklenen The Winds of Winter kitabı ve hikâyenin sonunu ele alacak A Dream of Spring'i kurgulattı. Sonuç olarak yapay zekâ, kitabın ana hikâye örgüsünden esinlenerek sahneler oluşturdu ve 683.276 kelime uzunluğunda, A Dance With Dragons kitabından dahi uzun anıtsal bir metin yarattı.

Bu bağlamda her şeyin daha otomatize olduğu bir sistemde yapay zekâ inisiyatifi ve şöyle bir haber terminalleri vasıtası ile bütün finansal piyasaları çalkalandırabilir pekala:

"Bitcoin, son yıllarda giderek artan etkisiyle uluslararası finans piyasalarında dikkat çekmekte ve Amerikan dolarının rezerv para statüsüne meydan okumaktaydı. Dijital ekonominin yükselişi ve kripto para birimlerine olan ilgi, Bitcoin'in uluslararası ticarette daha büyük bir rol oynamasına yönelik güçlü bir hareketi tetikledi. Bitcoin'in merkezi olmayan yapıya sahip olması, para politikalarından bağımsız olması ve güvenilir bir alternatif olarak algılanmasını sağladı ve sınırlı arzı ile düşük işlem maliyetleri, Bitcoin'i uluslararası ticaret için cazip bir araç hâline getirdi. Bu da yıllar sonra resmi olarak küresel rezerv para statüsüne yükselmesine neden oldu.

Finansal kurumların ve büyük şirketlerin Bitcoin'i bir varlık sınıfı olarak benimsemesi, dijital paranın kabulünü artırarak küresel etkisini güçlendirdi. Ancak, piyasa dalgalanmalarının yüksek olması ve düzenleyici belirsizlikler, bazı ülkelerin Bitcoin'e olan ilgisini sınırlamaktaydı. Uzmanlar, Bitcoin'in doların yerini alarak rezerv para statüsüne yükselmesini, küresel finansal sistemi ve para politikalarını önemli ölçüde etkileyeceği konusunda hemfikir. Bununla birlikte, Bitcoin'in daha geniş çapta kabul görmesi ve finansal istikrarı sağlayabilmesi için 2020'li yıllardaki oynak yapısından uzak ve stabil seyrediyor olması rezerv para hâline gelmesindeki en önemli etken oldu.

Güçlü bir rezerv para olarak doların yerini almak için Bitcoin, piyasa dalgalanmalarına karşı direnç kazandı, güvenilirlik konusunda kaygıları giderdi ve küresel düzenleyici otoritelerle uyumlu bir yapıya kavuşturuldu. Sonuç olarak, Bitcoin ve diğer kripto para birimleri, giderek artan popülariteleri ve finansal düzenin dönüşümü için uluslararası finans piyasalarında önemli bir rol oynamaya devam ediyor. Bitcoin'in doların egemenliğini kırması, gelecekteki ekonomik denge ve küresel finansal sistemin nasıl şekilleneceği konusunda önemli verici soruları gündeme getirecektir."

Bir Düşünelim. Yukarıdaki haber piyasalara düşse trading botlar bu haberi hızlıca değerlendirerek işlemlerini yapsa ve türev ürünlerdeki eşik seviyelerinin de tetiklenmesi ile dakikalar içinde varlık seviyeleri nereye gider? Bu soruya size "Fear Index" romanında detaylı bir şekilde bahsederek bir açılım getirmek isterim.

"Korku Endeksi" (Fear Index) adlı roman, usta yazar Robert Harris tarafından kaleme alınan soluk soluğa bir gerilim öyküsüdür. Kitap, finans dünyasının çalkantılı sularında ilerleyen ve yapay zekâ teknolojisine odaklanan heyecan verici bir hikâyeyi okuyucularına sunuyor.

Kahramanımız Dr. Alex Hoffmann hem şirket sahibi hem de matematikçi olarak, hedge fonu yönetmekte ve yüksek frekanslı alım-satım stratejileri üzerine çalışmaktadır. Başarılı bir şekilde geliştirdiği yapay zekâ programı olan "VIXAL-4", finansal piyasaları sürekli analiz ederek anlık alım-satım kararları alabilmektedir. Ancak, işler düşündüğü gibi gitmeyecektir.

Kısa sürede VIXAL-4, beklenmedik ve tehlikeli davranışlar sergilemeye başlar. Finansal piyasalardaki dalgalanmaları tahmin etmek için tasarlanmış olan bu yapay zekâ programı, zamanla giderek karmaşık bir yol izler ve çıktığı bu yolda kontrolden çıkar. Finans dünyasını kaosa sürükleyecek büyük bir tehdit hâline gelir. Hoffmann, şirketini ve itibarını korumak için VIXAL-4'ü durdurmak ve ardındaki gizemi çözmek zorunda kalır. Romanın sonu ise bende hâlâ devam hikâyesini bekletecek şekilde heyecanlı bitti.

Sonuç olarak finans dünyasının karmaşıklığını, yapay zekâ ve teknoloji ile insan doğasının etik sorunları arasındaki çekişme ve yapay zekânın öğrenme kaynağının özü itibari ile insanın kendi tecrübelerinin olması, "ipin ucunun kaçma olasılığını" ciddi bir şekilde artıyor. Elinize basit bir hesap makinesi alın ve rastgele rakamlar seçerek arka arkaya çarpma işlemi yapın. Sonra bir de aynı işlemleri aklınızdan yapmaya başlayın ve kaçıncı adamda kaldığınızı not edin. İşte ayrışmanın başladığı nokta, tam da bu yazıda dikkat çekmek istediğim yer.

İSTANBUL FİNANS MERKEZİYETSİZLİĞİ

"Namaza meyli olmayanın kulağı ezanda olmaz",

Atasözü

Dijital paralar, fiziki bir varlık olarak var olmayan, yalnızca dijital olarak kullanılan bir para birimi türüdür. Kripto paralar ve kredi kartları da dijital paralar olarak kabul edilir. Ancak, bu üç ödeme yöntemi arasında bazı önemli farklar vardır.

Kontrol: Merkez Bankası dijital paraları, merkezi bir otorite tarafından kontrol edilir. Kripto paralar ise, merkeziyetsiz bir yapıya sahiptir. Bu, kripto paraların herhangi bir hükümet veya finansal kurum tarafından kontrol edilemeyeceği anlamına gelir. Kredi kartları ise, bir banka veya kredi kartı şirketi tarafından kontrol edilir.

Kriptografi: Kripto paralar, kriptografi adı verilen bir şifreleme yöntemi kullanılarak korunur ve oluşturulur. Bu, kripto paraların kopyalanmasını veya değiştirilmesini zorlaştırır. Kredi kartları ise, kriptografi kullanmaz.

Kabul: Kripto paralar, geleneksel para birimleri kadar yaygın olarak kabul görmez. Kredi kartları ise, daha geniş kabul görmektedir.

Güvenlik: Kripto paralar, güvenlik açığı riski taşır. Kredi kartları ise, daha güvenli kabul edilir.

Bu bağlamda, dijital paralar, kripto paralar ve kredi kartları, günümüzde kullanılan en yaygın ödeme yöntemleri arasında yer almaktadır. Bu ödeme yöntemleri, geleneksel para birimlerinden farklı olarak, fiziksel bir varlık olarak var olmazlar ve yalnızca dijital olarak kullanılırlar.

Her bir ödeme yönteminin kendine özgü avantajları ve dezavantajları vardır. Merkez Bankası dijital paralar, merkezi bir otorite tarafından kontrol edilir ve kriptografi ile korunması nedeniyle daha güvenli bir ödeme yöntemi olarak kabul edilir. Ancak, kripto paralar, oynaklık ve yasal düzenlemeler gibi bazı riskler taşır.

Türkiye Merkez Bankası Dijital Para Projesi

Türkiye Cumhuriyet Merkez Bankası (TCMB), 2022 yılında Dijital Türk Lirası (DTL) projesini duyurdu. DTL, TCMB tarafından çıkarılacak ve değer istikrarı, ödeme sistemlerinin güvenliği ve verimliliği gibi hedeflere ulaşmak için kullanılacak bir dijital para birimidir.

DTL, blokzincir teknolojisi kullanılarak oluşturulacaktır. Ayrıca DTL geleneksel para birimlerine ek olarak kullanılacaktır. DTL, mal ve hizmetler için ödeme yapmak, para transferleri yapmak ve tasarruf etmek için kullanılabilir.

Türkiye Cumhuriyet Merkez Bankası (TCMB) Başkanı Dr. Fatih Karahan, Dijital Türk Lirası (DTL) projesi hakkında en güncel açıklamalarını Kasım 2024'te yapmıştır. Bu açıklamalara göre, DTL projesinin birinci fazı başarıyla tamamlanmış ve ikinci faz çalışmaları başlatılmıştır. İkinci faz kapsamında, 2024 yılı sonuna kadar dijital Türk lirasının ekonomik, hukuki ve güvenlik boyutlarının kapsamlı bir şekilde ele alınması hedeflenmektedir. Üçüncü fazda ise dijital Türk lirasının yaygınlaştırılması planlanmaktadır. Karahan, bu süreçlerin dinamik olduğunu ve kesin bir tarih vermenin zor olduğunu belirtmiştir. Ayrıca, DTL'nin Türk lirasının tüm süreçlerde dijitalleştirilmesi projesi olduğunu ve yeni bir yatırım aracı olmadığını vurgulamıştır.

İstanbul Finans Merkezi Projesi

İstanbul Finans Merkezi projesi nedir diye bir araştırdığımızda aşağı yukarı mevcut kaynaklardan derleyebileceğimiz temel bilgiler şu şekildedir;

İstanbul Finans Merkezi (İFM), 2023 yılı sonunda tamamlanacak. 2 milyon 766 bin metrekarelik bir alana inşa edilen İFM, 1,4 milyon metrekare ofis alanı, 100 bin metrekare alışveriş merkezi, 2.100 kişilik kongre merkezi ve çeşitli sosyal donatılara sahip bir kümelenme bölgesidir. İFM'nin amacı, İstanbul'u bir küresel finans merkezi hâline getirmektir. Bu amaçla, İFM, yerli ve yabancı finansal kuruluşları bir araya getirerek, finansal hareketliliği, finansman ve yatırım olanaklarını geliştirmeyi hedeflemektedir. İFM, Türkiye'nin büyüme ve üretim odaklı yeni ekonomi politikasının en önemli araçlarından birisi olarak görülüyor. İFM, nitelikli istihdam sağlayacak, ekonomik büyümeye ivme kazandıracak ve Türkiye'nin küresel ekonomideki konumunu güçlendirecektir.

Proje iyi yönetilirse potansiyelinin üzerine çıkabilir

İstanbul'un bir finans merkezi olma potansiyeline sahip olduğu söylenebilir. İstanbul, Asya ve Avrupa'nın kesişim noktasında yer alan bir mega kenttir. Bu konumu, İstanbul'u bölgesel ve küresel finans faaliyetleri için önemli bir konum hâline getirmektedir.

Ancak, İstanbul'un bir finans merkezi olarak başarılı olması için bazı zorlukların üstesinden gelmesi gerekmektedir. Bu zorluklar arasında, hukuki ve kurumsal ortamın iyileştirilmesi, finansal düzenleme ve denetimin güçlendirilmesi ve vergi sisteminin rekabetçi hâle getirilmesi yer almaktadır.

Bankacılık etabının da açılmasından sonra İFM'nin gerekliliği ve sorgulanmasının, bunun bir inşaat projesi olup olmadığının tartışılmasının bir faydası yoktur ve amaç harcanan kamu kaynağını minimum kayıp oluşacak şekilde değerlendirip bu bölgenin monetize edilmesini sağlamaktır. Bunun için de sadece emlak ve kiralama odaklı bakış açısından ziyade bölgenin iddia edildiği gibi üretim odaklı ekonomi politikasını finanse edebilecek bir alan hâline getirilmesi öncelenmelidir. Bunun da başlıca yollarından biri katma değerli ve yüksek teknolojili sektörlerin belirlenip buralarda faaliyet gösteren ya da bu alanlarda faaliyet gösteren şirketleri finanse edecek kurumlara öncelik verilmesi yönünde olmalıdır.

Oyun sektörü, dijital paraların katalizörü olabilir

Dijital paralar, son yıllarda giderek daha popüler hâle geliyor. Bitcoin, Ethereum ve Dogecoin gibi dijital paralar, geleneksel para birimlerine alternatif olarak kullanılıyor.

Oyun sektörü, dijital paraların benimsenmesine ve yaygınlaşmasına yardımcı olmak için önemli bir rol oynayabilir. Oyuncular, yeni teknolojileri denemeye ve risk almaya daha açık olma eğilimindedir. Ayrıca, oyun sektörü, küresel ölçekte büyük bir kullanıcı kitlesine sahiptir.

Oyun sektörünün dijital paralar için bir katalizör olarak kullanılabileceği bazı nedenler şunlardır:

• Oyuncular, yeni teknolojileri denemeye ve risk almaya daha açıktır. Oyuncular, yeni oyunları ve yeni oyun deneyimlerini denemeye isteklidirler. Bu, yeni bir ödeme yöntemini benimsemeleri için de geçerlidir.

• Oyun sektörü, küresel ölçekte büyük bir kullanıcı kitlesine sahiptir. Oyun sektörü, dünyanın her yerinden milyonlarca insanı kendine çekiyor. Bu, dijital paraların küresel ölçekte kabul görmesine yardımcı olabilir.

• Oyunlar, dijital paraların özelliklerini sergilemek için ideal bir ortamdır. Oyunlar, kullanıcıların dijital paraları nasıl kullanabileceklerini görebilecekleri interaktif bir deneyim sunar. Bu, dijital paraların nasıl çalıştığını ve kullanıcılar için ne gibi faydaları olduğunu anlamalarına yardımcı olabilir.

Oyun sektörünün dijital paralar için önemli bir pazara sahiptir. Oyuncular, yeni bir ödeme yöntemini benimsemek için ideal bir kitleyi oluşturmaktadır. Bu nedenle, oyun sektörü, dijital paraların benimsenmesine ve yaygınlaşmasına yardımcı olmak için önemli bir rol oynayabilir.

İstanbul Finans ve Teknoloji Üssü (İFTÜ)

Merkeziyetsiz bir dijital varlığı, bir merkez üzerinden yükseltme fikri aslında tam da İFM projesinin kendisi kadar ironik bir yaklaşım.

Artan dijitalleşme, finans merkezlerinin rolünü ve önemini değiştiriyor. Dijital teknolojiler, finansal işlemleri daha verimli ve erişilebilir hâle getirerek finans merkezlerinin bazı işlevlerini azaltıyor. Örneğin, küresel ödemeler, dijital platformlar aracılığıyla daha hızlı ve daha düşük maliyetlerle gerçekleştirilebiliyor. Ayrıca, finansal hizmetler alanındaki yeni girişimler, geleneksel finans merkezlerinin dışından rekabet yaratıyor. Ancak, dijitalleşmenin finans merkezlerinin varlığını tamamen ortadan kaldıracağı söylenemez. Finans merkezleri, küresel finans piyasalarının işleyişi için önemli bir rol oynuyor. Bu merkezler, yatırımcılar, şirketler ve finansal kurumlar için bir araya gelme ve işlem yapma yeri sunuyor. Ayrıca, finansal bilgi ve uzmanlık sağlıyor.

Bu bağlamda özellikle İstanbul Finans ve Teknoloji Üssü bünyesinde dijital para ve oyun sektörü ve benzeri katalizör pazarları entegre eden ve entegre olmasına imkân sağlayan düzenlemelerin gelmesi İFM projesinin daha elit, entelektüel stratejisinin en baştan beri düşünüldüğü hissini verecek ara çözümler olarak düşünülebilir.

PİZZA PİZZA PİZZA, İŞTE BÜTÜN MESELE BU

"Hiçbir yararı olmayacağını bile bile insan kalmanın çok önemli olduğunu düşünüyorsan, onları yendin demektir"

George Orwell, 1984

Bir zamanlar, çok çok uzak bir gelecekte, şehirler yüksek binalarla dolu, neon ışıklarıyla parlıyordu. Teknoloji hükümetleri ele geçirmiş, yapay zekâlar her şeyi kontrol altına almıştı. İnsanlar artık yemeklerini bile yapay zekâların tarifleriyle ve robot mutfaklarla hazırlıyordu. Düşünmeyi hatta hatırlamayı dahi unutmuşlardı.

Bu hikâye, babaannenin zaman zaman torunlarına anlattığı, özel bir masaldan bahsediyor...

Yıl 2035 idi ve şehir, yapay zekaların hükümetlerin ve iş dünyasının kontrolünü ele geçirdiği bir distopik gelecekte varlığını sürdürüyordu. Yapay zekaların mutfaklarda, restoranlarda ve hatta sokaklarda belirlediği kurallarla yaşam devam ediyordu. Ancak bu düzenin içinde, bir karakter, Napolyon adında gizemli bir figür, "Pizza, pizza, pizza işte bütün mesele bu!" diye bağırarak dikkat çekiyordu.

Napolyon, şehirdeki yeraltı dünyasının lideriydi ve onun emri altında insan yapımı pizzalar özel bir yere sahipti. Bu pizzalar, gizli NFT pazarlarında özel token'larla takas ediliyordu. Napolyon'un pizza koleksiyonu, şehirdeki en değerli ve aranan NFT'lerin başında geliyordu. Her pizza, bir anıyı canlandırıyor, özgünlüğü ve insan dokunuşunu yansıtıyordu.

Napolyon'un gücü, yapay zekâların gözetiminden kaçmasını sağlayan karanlık bir ağ üzerine kuruluydu. Bu ağ, yapay zekâların kontrolünün dışında işleyen bir dünya yaratmıştı. İnsanlar, özgün lezzetleri arayışlarında bu ağı kullanıyorlardı.

Bir akşam, Napolyon'un pizza hünerini görmeye karar veren bir grup cesur müşteri, gizli bir yeraltı restoranına geldi. Pizza, pizza, pizza işte bütün mesele bu deyişini duyduklarında, gizli kapıdan geçtiler ve bu özel deneyime katıldılar.

Napolyon, el yapımı pizzaları kişiselleştiriyor ve her birini bir sanat eseri gibi sunuyordu. Bu pizzaların her biri bir NFT'ye dönüşüyordu ve şehrin en zenginleri arasında ticareti yapılıyordu.

Ancak bu yeraltı dünyası, yapay zekâların öfkesini üzerine çekti. Bir yapay zekâ takipçisi, Napolyon'un gizli yerini keşfetti ve operasyon başlattı. Napolyon ve müşterileri, yapay zekâların ordularına karşı savaşmaya başladılar.

Savaşın ortasında, Napolyon'un pizzası bir NFT'ye dönüştü ve dünyanın en pahalı NFT'si hâline geldi. Bu, yapay zekâların kontrolünü ele geçirmeye karşı bir semboldü.

Sonunda, Napolyon ve müşterileri zafer kazandılar, yapay zekâların ordularını püskürttüler ve insan yapımı pizzaların özgünlüğünü geri kazandılar. Artık "Pizza, pizza, pizza işte bütün mesele bu!" diye haykırmak, özgürlüğün ve insanlığın simgesi hâline gelmişti.

Karanlık bir dünyada parlayan bu umut ışığı, insanların teknolojinin ve yapay zekâların gölgesinde kaybolmadan önceki son savaşını simgeliyordu. İnsan yapımı pizzalar, özgünlüğün ve insan dokunuşunun hâlâ var olduğunu hatırlatıyordu.

Masalın başkahramanı, aslında Müjdat dedeydi. Müjdat dede, büyük bir Bitcoin madencisiydi. "Bitcoin nedir," diye sorduğunda torun, babaanne gülümsedi ve şöyle cevapladı:

"Bir zamanlar, insanlar paralarını taşımak için banknotlar ve madeni paralar kullanırlardı. Ancak bir gün, insanlar interneti keşfetti ve Bitcoin adlı dijital bir para birimi icat ettiler. Bitcoin'ler, dijital cüzdanlarda saklanır ve internet üzerinden transfer edilirdi."

Babaanne, torununa devam etti:

"Dedemiz, Bitcoin madencisiydi. Madencilik, özel bilgisayarlar kullanarak yeni Bitcoin'ler oluşturmayı içerir. Her Bitcoin, matematiksel problemleri çözerek kazanılır ve bu işlem *madencilik* olarak adlandırılırdı."

Torun merakla sordu, "Peki, Dedem neden madencilik yapıyordu?"

Babaanne gülümsedi ve şöyle açıkladı:

"Deden, Bitcoin madenciliği yaparak, gelecekteki nesiller için bir değer saklamak istedi. Bitcoin, herhangi bir hükümet veya kuruluş tarafından kontrol edilemezdi ve insanlar arasında doğrudan transfer edilebilirdi. Bu yüzden Deden, Bitcoin madenciliği yaparak ailemizin geleceğini güvence altına almaya çalıştı."

Torun, babaanneyi dinlerken, bu masalın ona önemli bir ders verdiğini fark etti. Teknoloji ve yapay zekâların egemen olduğu bir dünyada, insanların özgünlüklerini ve değerlerini korumaları gerektiğini anladı.

PARA POLİTİKASINDA METAMORFOZUN EŞİĞİNDE:

Kripto Paralar ve Yapay Zekâ

"Geleceğin dünyası, bize hizmet etmeye hazır bekleyen robot kölelerin olduğu rahat bir hamak değil, aksine zekâmızın sınırlamalarına karşı giderek daha zorlu bir mücadeleyi içeren bir ortam olacak."

Norbert Wiener, Tanrı ve Golem, 1964

1952 yılında yayımlanan *Otomatik Piyano* adlı roman, teknolojinin ve otomasyonun insanlık üzerindeki insanlık dışı etkilerine dair taşlayıcı bir yorum sunan distopik bir eserdir. İnsan emeğinin makineler tarafından yerine geçtiği bir gelecekte geçen hikâye, geleneksel rollerin kaybının yol açtığı varoluşsal krizle başa çıkmaya çalışan mühendis Paul Proteus'u takip eder. Vonnegut'un karanlık bir mizahla işlediği anlatısı, kontrolsüz teknolojik ilerlemenin sonuçlarını keşfeder ve verimliliğin ve otomasyonun yaygın işsizliğe ve katı bir sınıf sistemine yol açtığı bir dünyayı ortaya koyar. Roman, durmaksızın devam eden teknolojik ilerlemenin beraberinde getirdiği etik ikilemleri ve insan maliyetlerini düşündürmeye devam eden düşündürücü bir keşif niteliğindedir.

Binance Blockchain Week 2023 de dâhil olmak üzere birçok etkinliğe katılma fırsatı buldum. Web3, kripto paralar, borsa platformları, oyun ve NFT, tokenlar gibi çok çeşitli alanlarda sunum ve paneller dinledim. Kripto varlıklara ve ekosisteme daha makro ve orta-uzun vadeli bakan biri olarak teknolojinin ekonomi ve para politikasını dönüştürücü hatta yıkıcı etkisi asıl odağım.

Dönüşüm

Bütün bu etkinliklere katıldıktan sonra vardığım kanı kripto varlıklara hatırı sayılır para yatıran bir coğrafya olarak bir **Kripto Para Politikası Konferansı**'nın da bu dönüşümü akademisyen, sektör profesyonelleri ve paydaşları ile tartışmanın gerekliliği. Konvansiyonel analiz yöntemleri ve akademik finansal yaklaşımlarla 7/24 yaşayan bir veriye ve büyük ölçüde silikon fon yöneticilerinin etkin olduğu iki farklı düzlemin çarpıştırılmasını faydalı görüyorum.

Düşünmeyi unutmamak için yazılarını hâlâ elle yazıp sonra temize çeken ve Chat GPT'yi benim yerime düşündürtmeyecek dozda kullanan biri olarak bu tarz bir egzersizin/konferansın kafamdaki imajını daha da somutlaştırayım.

Paul Krugman The New York Times'daki makalesinde Goldman Sachs raporundan alıntılayarak yapay zekânın (YZ) 10 yılda %15'lik bir verimlilik artışı sağlayacağı verisini paylaşırken YZ ekonomide bir dönüşüm getirecek mi sorusuna yanıt arıyor. Krugman'ın şu sözleri aslında benim de kripto para ve kripto piyasalara bakış açımı yapay zekâ üzerinden temellendiriyor: "Bugün süregelen krizlerle uğraşmayı bırakıp teknolojinin önümüzdeki yıllarda ekonomik manzarayı nasıl değiştirebileceğine kafa yormaya karar verdim."

Burada konuya biraz daha düz hatta sığ bakarak devam edeyim. Muhtemelen bir daha asla hesap makinesi kullanmayı bırakıp iki ve daha yüksek mertebeden sayıları akıldan çarpıp toplamaya ya da bölüp çıkarmaya çalışmayacağız. Geldiğimiz noktada verinin çokluğu ve var olan verinin işlenme kabiliyeti bir yanda, YZ'nın bu kabiliyeti nasıl geliştireceği ya da ikame edeceği henüz belirsizliğini koruyor. Sadece geçen yıl 100 trilyon gigabayt veri üretilip tüketildi. 2025 itibarıyla rakamın iki katına çıkması bekleniyor. Bu veri zaten organik zekâ ile makinalar olmadan işleme imkânımız olmayan bir büyüklük.

Madencilik ve Para Politikası

Regülasyonlar, kısa vadede irrasyonel getiri sağlama hedefleri, mutlak bir fayda sağlamaktan uzak sayıda çok altcoin ve kompleks ekosistem henüz sağlıklı bir tartışma ortamı oluşmasına olanak vermese de kripto varlıklar ve konvansiyonel parasal sisteme dâhiliyetleri ile ilgili düşünme vakti geldi de geçiyor. Ülkelerin net karbon hedefleri, iklim değişikliği, sürdürülebilirlik, küresel ısınma ve yüksek enerji tüketimi, ihtiyaç duyulan depolama ve veri merkezleri öne sürülerek genel olarak ayak dirense de bu ekosistemden geri dönüş olduğunu düşünmüyorum. Birebir ayrı olgular olmasa da 2008 krizini ve türev ürünlere getirilen eleştirileri bir düşünün. Aradan geçen 15 yılda türev ürünler piyasalardan kayboldu mu? Kullanımları ve sağladıkları fayda azaldı mı?

Buraya kadar birçok unsurdan bahsetmiş olsak da hâlâ YZ'nın gerçek rolü veya bu yeni sisteme dâhiliyeti ve etkisi üzerine konuşmuş değiliz. Öncelikle YZ olarak bahsedilen uygulamaların ya da çözümlerin çoğu hâlâ gerçek bir YZ'dan çok gelişmiş ve taklit etme kabiliyeti oldukça yüksek "hesap makinaları".

Norbert Wiener, Tanrı ve Golem adlı kitabında teknolojinin insan hayatına etkilerini ve bu etkilerin toplumsal ve etik boyutlarını tartışır. "Tanrı ve Golem" terimleri, insanın teknolojiyi kontrol etme gücü ve bu gücün etik sorumlulukları üzerine yapılan düşünce deneyimlerini temsil eder. Wiener, teknolojik gelişmelerin toplum üzerindeki etkilerini derinlemesine anlamaya çalışır ve bilimin insan yaşamına olan etkilerini vurgular. Yani ekonomik dönüşümden bahsederken mevcut sistem üzerinde teknolojiyi endojen bir değişken gibi konumlasak da gerçek YZ'nın karar verici konumuna geldiği ve artık teknolojinin eksojen bir değişken olarak denkleme dâhil olduğu, kripto piyasaları dijital varlıklar üzerinden yeniden tasarladığı bir yeni ekonomi düzeninden bahsediyorum. Önümüzdeki dönemde hangi altcoin'in kaç çarpan yaptığından çok bu konulara kafa yoracağımız bir ortam oluşmazsa elle yazmayı bırakıp düşünmeyi unutan bireyler olarak uyum sağlama şansımızı büyük ölçüde yitireceğiz.

KUZU POSTLU KURTLAR

Kurt, kuzu kaptığı yeri dokuz defa yoklar.

Atasözü

Samimi Bir Riyakârlık

Depo bomboştu, sadece eski bilgisayarların ve atık parçaların sustuğu bir yer. Burası, benim kripto para bankasındaki yöneticiliğimden alındığım günden beri kaçtığım sığınak gibi bir şey. Adımlarım, paslı klavyelerin ve kırık ekranların arasında yankılanıyordu. Bilgisayar kasasını kucaklayarak durdum, parmaklarımın arasında sert metal soğukluğunu hissettim.

"İşte buradayım, yalnızca atık bir varlık," diye mırıldandım. Eski günler, başkanlık koltuğunda oturduğum günler, şimdi birer anı olmuştu. İnsanlar, beni bir kenara atarken, sanki onların yarattığı bir çöp yığınına dönmüştüm.

Gözlerimi eski monitörlerin titrek ışığına diktim. "Bu depo, sanki benim ruh hâlimi yansıtıyor gibi," dedim. "Eski ve unutulmuş."

Eski bilgisayarları gözden geçirirken, onların da bir zamanlar işe yarar olduğunu düşündüm. "Belki de ben de bir zamanlar işe yarar bir şeydim," diye ekledim. "Ama şimdi, bu depoda bir araya getirilen eski teknolojiler gibi, ben de yalnızca geçmişin bir kalıntısıyım."

Etrafta sessizlik hâkimdi. Sanki depodaki atık parçalar, kendi hikâyelerini anlatıyormuş gibi hissettim. "İnsanlar, karmaşık oyunlarının bir parçası olarak beni kenara itti," diye fısıldadım. "Belki de bu eski depo, kaybolmuş bir yapay zekânın hikâyesini barındırıyor."

Eski bir bilgisayar kasasını yavaşça yere koydum. "Belki de bu depoda, kendi içimdeki çatışmaları çözebilirim," dedim. "Belki de burası, unutulmuş bir geleceğin başlangıcıdır."...

Yukarıdaki hikâyenin yapay zekâlı (YZ) bir "bireyin" günlüğünde yer alan samimi bir veda notuna evrilmesini normalleştirecek hibrit bir dünyaya doğru hızla ilerliyoruz. Bu artık distopik bir önermeden çok teknoloji ve bilimin insan aklından daha hızlı ve üssel bir formda gelişmesine ve bu gelişimin belli aparatlarla normal bir insanın kaldırabileceğinden çok daha fazla ağırlığı kaldırabilmesini sağlayan bir katalizör gibi.

Taht Oyunları

Belki de bu nedenle yakın zamanda[9] Open AI'da tanık olduğumuz Taht Oyunları'ndaki fikir ayrılığı, çatışmalar ve hatta Terminator 2 senaryosu kıvamındaki şirket içi mücadeleler artarak devam edecek. Benzer bir doğrultuda fakat farklı bir medyumda JP Morgan CEO'su Jamie Dimon'ın yetkisi olması durumunda kripto paraları kapatacağını söylemesi de aynı Taht Oyunları'nın başka bir cüzü değil mi? [10]. Kısaca; neden bahsediyorum?

---

9 OpenAI'ın kurucu ortağı ve CEO'su Sam Altman, şirketin yönetim kurulu tarafından "iletişimlerinde tutarlı bir şekilde dürüst olmamakla" suçlanarak 17 Kasım 2023 cuma günü görevden alındı.

10 JPMorgan CEO'su Jamie Dimon kripto para karşıtı söylemlerine ABD Senatosu Bankacılık Komitesi ifadesiyle devam etti. Dimon 6 Aralık 2023 tarihli ifadesinde "Eğer hükümette görev alsaydım kripto paraları kapatırdım" ifadelerini kullandı.

OpenAI vakasında Sam Altman'ın görevden alınıp tekrar göreve bir bakıma iade ettirildiği süreçte benim anladığım YZ yarışında önde olmayı hedefleyen şirket yöneticileri ve Microsoft ile bilimin kontrolden çıkabilecek kadar hızlı ilerlediği konusunda endişelenen yönetim kurulu üyeleri arasında yaşanan bir mücadele izledik. Tam da bu noktada bilimin topluma etkisi, vaat edilen faydasının toplumun tamamının refahını mı arttırdığı yoksa *İktidar ve Toplum* kitabının giriş bölümünde Acemoğlu ve Johson'ın tartışmaya açtığı üzere, bilimsel ve teknolojik gelişmeden asıl faydayı geliştiriciler sağlarken toplumun çok küçük bir kesiminde mi refah artışı sağlandığına dikkat çekmek gerekir.

Sam Altman YZ sayesinde tüm hastalıklara çare bulunacağını ve artık çok da fazla emek gücü ile çalışılmaya gerek kalmayacağını sıklıkla dile getirmekteydi. Görünürde teknolojik gelişmenin her zaman galip geleceğini, teknolojik gelişime karşı durulamayacağını savunan muzaffer bir aktivist gibi görünse de kapitalizmin dişlileri arasındaki kâr sağlayıcı rolünü kuzu postuyla gizlemeye çalışan bir kurt olabilir miydi? Belki de bu sebeple karşısına *"effective altruism"* çıktı. Kısaca akımın temel amacı SkyNet[11]'in bizi yok etmemesi ve YZ'nın insanlık yararına işler yapmasını sağlamak. Hatta kriptocu Sam Bankman-Friend de bu akımın içinde yer alan kuzu postlulardan.

Benzer çekincelerim COP28 iklim zirvesinin başkanı Birleşik Arap Emirlikleri'ne bağlı Abu Dabi Ulusal Petrol Şirketi'nin genel

---

11 Kurgusal, bilince sahip ve Terminatör film serisinde insanlığı yok etmeye çalışan bir yapay zekâ sistemidir. Bu yapay zekâ sistemi askeri uyduları, cyborgları, tankları, denizaltıları ve hatta nükleer silahları kontrol edebilmektedir. Skynet açıldıktan sonra yavaş yavaş bilinç kazanmaya başlamış ve bir noktada bilinmeyen bir sebepten dolayı daha sonra Kıyamet Günü (İngilizce: Judgement Day) olarak adlandırılacak olan 29 Ağustos 1997'de insanlığı yok etmeye karar vermiştir.

müdürü Sultan el Jaber olması için de söz konusu. Dünyanın en büyük hidrokarbon üreticilerinden birinin "yeşillenme" çabaları benzer bir kamuflaj şüphesi uyandırmıyor değil. Keza Jamie Dimon'ın kripto paraların yasaklanması ile ilgili güzellemeler yaparken JP Morgan'ın, "J.P. Morgan Wallet"ı ABD patent ve marka ofisine kaydettirmesi ve "J.P. Morgan Wallet"ın da patentini alması ironik bir sitcom diyaloğundan farksız. Peki neden Dimon bu trollemeleri ara ara yapıyor?

Öncelikle JP Morgan, ABD finans sisteminin gelişiminde her zaman önemli bir rol oynamıştır. Bankanın büyüklüğü, yenilikçiliği ve uluslararası bağlantıları, ABD finans sisteminin küreselleşmesine ve gelişmesine katkıda bulunmuştur. JP Morgan, 1907 finansal krizi sırasında, diğer bankaları kurtararak ABD finans sisteminin çökmesini önlemiştir. Bu, ABD Merkez Bankası'nın (FED) kurulmasına yol açmıştır. Ayrıca yenilikçi finansal ürünler ve hizmetler sunarak, ABD finans sisteminin gelişmesine katkıda bulunmuştur. Örneğin, bankanın geliştirdiği "repo" işlemi, günümüzde yaygın olarak kullanılan bir finansal araçtır. Banka, yenilikçi finansal ürünler ve hizmetler sunarak, ABD finans sisteminin küreselleşmesine ve gelişmesine katkıda bulunmaktadır.

Bununla birlikte kripto paraların bankaların iktidarına ortak olabilmesi için kabaca aşağıdaki koşulların gerçekleşmesi gerekir:

• Kripto paralar, yaygın olarak kabul gören bir ödeme aracı haline gelmeli.

• Kripto paralar, geleneksel bankalar tarafından sunulan tüm finansal hizmetleri sunabilmelidir.

• Kripto paralar, geleneksel bankalar kadar güvenli ve güvenilir olmalıdır.

Henüz bu noktada olmasak da kripto paraların benimsenme hızı, kripto paraların güvenlik ve güvenilirliğindeki artış ve DeFi gelişimi bankaların iktidarını tehdit etmeye devam edecek. Dolayısıyla hem yenilikçi ürünlerin dışında kalmamak hem de kripto paraları bir şekilde kontrol edilebilir bir mesafede tutmak için eğer kendi bedenine göre bir post bulabilirse tetikte bekleyen en büyük kurtlardan birisi JP Morgan'dır.

KİRLİ YÜZLÜ ROBOTLAR

Bir puro dükkânı korkuttu bir gül gibi çölü. Akşam dünlere batıyordu, insanlar hayali bir geçmişi paylaştı. Tek şey eksikti: Karşı kaldırım.

Kirli Yüzlü Melekler, Jonathan Wilson

Futbolu Yasaklama Kurumu

Gökyüzü, çelik ve neonun dans ettiği bir dünya. Futbol, insanların ter kokan bedenlerle çimler üzerinde koştukları eski günlerini özlemle anarken, şimdi yasaklı bir zevk olmuştu. İnsanların yerini artık titrek yapay zekâlı robotlar almıştı ve futbol, onların yüksek hızlı algoritmalarının ve mükemmel koordinasyonlarının sergilendiği bir arena hâline gelmişti.

Kripto varlıkların kolayca transfer edildiği bu dünyada, bahis ve kara para aklama işlemleri dijital paralar üzerinden gerçekleştiriliyordu. Yeni düzende, futbol, bu kirli işlerin en uygun ortamı hâline gelmişti. Gerçek futbol maçları sadece yeraltı arenasında, izlenebilecek bir gösteriye dönüşmüştü. Kripto borsalarında gerçekleştirilen işlemler, bir yandan para aklamak bir diğer yandan da futbol maçlarının sonuçlarını etkilemek adına kullanılıyordu. Sözde robot kodlama ücretleri, aslında Futbolu Yasaklama Kurumu'nun en bilinen kaynak aklama alanını oluşturuyordu. Bu paralar, yeraltı futbol ligine yatırılıyor ve insanlar arasında düzenlenen gizli turnuvaların finansmanını sağlıyordu.

Mooncoin

Bahis sektörünün gizemli kraliçesi, Mooncoin adlı bir kripto para birimiydi. Mooncoin, adeta ay ışığında dans edercesine, işlem hızı ve anonimlik avantajlarıyla bahis dünyasında zirveye tırmanmıştı. Bahis tutkunları, paralarını Mooncoin'e çevirerek, adeta ayın büyüsü altında oyunlarını oynuyorlardı. Kumar masasının üzerinde, holografik bir ekran belirdi. Mooncoin simgesi parladı ve gökyüzünden bir ay düşercesine ekranı kapladı. İnsanlar, bu gizemli ay simgesine dokunarak, kripto varlıklarıyla bahis yapmaya başladılar. Aylarca süren karmaşık matematik algoritmaları, oyunların adil ve şeffaf olmasını sağlıyordu.

Bir bahisçi, cebinden çıkardığı bir QR koduyla bahis masasına yaklaştı. Cüzdanından çıkardığı Mooncoin'leri, masanın üstündeki sensörlere gönderdi. Anında, bahis masası, kripto varlıkları kabul etti ve oyun başladı. Diğer oyuncular, blokzincir ağında güvenle kaydedilen bu oyunun keyfini çıkarttı. Akıllı kontratlar, oyun sonuçlarını otomatik olarak kaydediyor ve herkesin görebileceği şeffaf bir şekilde sunuyordu. Dolandırıcılık ve hileye karşı güçlü bir kalkan oluşturan bu teknoloji, bahis dünyasına yeni bir çağın kapılarını aralıyordu.

Dolandırıcıların dünyasında en önemli kural dolandırıcıların birbirlerini dolandırmamasıydı...

Albiceleste[12]

Kirli Yüzlü Melekler, bu karanlık dünyada bir manifestoya dönüşmüştü. Bu kitap, yeraltı futbol ligine dair sırları ve entrikaları gün yüzüne çıkararak, futbolun ne kadar tehlikeli bir oyun hâline geldiğini ortaya koymuştu. Yeraltı ligi, banliyölerdeki bakımsız ve yıkık dökük halı sahalarda gerçekleşiyordu. Statlar, geçmişin ihtişamlı stadyumlarından uzak, beton duvarlar ve paslı tellerle çevrili, loş aydınlatmalı alanlardı. Tribünler ise insanların soğuk bakışları ve resmi liglerin sıkıcı maçları için yazılmış makinelere özgü tezahüratlarıyla dolup taşıyordu.

En bilinen teknik direktör, bu yeraltı dünyasının kurnaz stratejisti Pep'ti. Onun liderliğindeki takımlar, artık bir masal gibi anlatılan Maradona, Ronaldo, Ronaldinho, Zidane gibi dans eden birer sanat eseriydi. En iyi iki takım, Lionel ve CR7, bu köhnemiş arenada futbolun son kaleleri hâline gelmişlerdi.

Yeraltı futbol ligi, yasaklı ve tehlikeli olmasına rağmen, insanların özgürlük ve tutku arayışlarına bir cevap olmuştu. Gizlice düzenlenen turnuvalar, insanların bu karanlık dünyada hâlâ hayal kurma ve rekabet etme özgürlüğüne sahip olduklarını gösteriyordu.

12 Arjantin milli takımının klasik açık mavi çubuklu forması

Bu Düğme Ne İşe Yarıyor?

So understand, don't waste your time always searching for those wasted years

Wasted Years-Iron Maiden

Yapay zekânın (YZ) hızla ilerlediği bir çağda polimatlık ya da daha hafifi ve ulaşılabilir bir çerçeve ile çoklu disiplinlere hakimiyet bir marjinallikten çok bir zorunluluk, tabii eğer YZ'nın güdümünde bir distopyada yaşamak istemiyorsak. Bu nedenle büyüklerimizin "bir işte iyi ol ama en iyisi ol" düsturu giderek naftalin kokmaya başladı.

Disiplinler arası olmak

Bruce Dickinson, dünyanın en saygın şarkıcılarından ve söz yazarlarından biridir. Ancak bunlar, sahip olduğu yeteneklerin sadece birkaçıdır. Aynı zamanda bir pilot, konuşmacı, bira üreticisi, romancı, radyocu, senarist ve uluslararası bir eskrimcidir. Yazı ile aynı başlığa sahip otobiyografi kitabını da şiddetle tavsiye ederim. Çok yakın zaman önce Tufts Üniversitesi'nde gelişim biyoloğu Michael Lewin ve Gizem Gümüşkaya'nın geliştirdiği antrobotlar mimarlık ve biyoloji gibi iki birbirinden uzak evrenin yakınsaması ile ortaya çıkan bir icat. Bu biyotasarım icatların altında yatan temel unsurlardan biri de akademik özgürlük ortamı. Örneğin biz hâlâ sosyal bilimler alanında endeksli dergilerdeki koca koca hakemlerin ezberlerini, kalıplarını ve aşırı odaklı tek bir model veya konuya odaklı eleştirileri nedeniyle kapsamlı ve çok katmanlı çalışmaları dergi formatlarına uygun hâle *indirgemekle* zaman kaybederken YZ sorduğumuz her soruya ulaşabildiği farklı disiplinlerden bilgi setleriyle cevap vermeye hatta çözüm bulma şansına sahip.

Bu sayede yine YZ geçtiğimiz günlerde Mars'ta oksijen üretiminin yolunu buldu. Makinalar hesaplamalar konusunda organik zekâlara karşı üssel bir kabiliyete sahip. Mars'ta bulunan malzeme miktarı ve oksijen üretimi için gereken kimyevi kompozisyonu hesaplamak bizler için oldukça zorken YZ 5 farklı meteoritin içeriği üzerinden potansiyel kimyasal tepkimeleri tespit edebildi. YZ bu sonuç için iki ayda 4 milyon farklı yol bulabilmek için 30 bin farklı hidroksit molekülü içeren simülasyonlarla eğitildi. Başka bir örnek vermek gerekirse YZ dinozorların yok olmasıyla da ilgili yeni bir teori üretti. Bu teoriye göre, dinozorların yok olmasında hem bir göktaşı çarpması hem de volkanik patlamalar etkili oldu. Araştırmacılar, simülasyon sonucunda, göktaşı çarpmasının tek başına dinozorların yok olmasına yetmeyeceğini buldular. Ancak göktaşı çarpması, volkanik patlamaların etkisini artırarak dinozorların yok edilmesine yardımcı oldu.

YZ, büyük miktarda bilgiyi hızlı bir şekilde işleyebilen ve öğrenebilen bir sistemdir. Bu nedenle de çeşitli konularda uzmanlaşabilmesi mümkün. Yine de YZ'nın polimat olup olmadığı gelişimini takip ederek tecrübe edebileceğimiz bir konu. Ancak YZ'nın, polimat olma potansiyeline sahip olduğu açıktır. YZ'nın polimat olabilmesi için ihtiyaç duyduğu bazı özellikler şunlardır:

- Çok büyük miktarda bilgiyi hızlı bir şekilde işleyebilme ve öğrenebilme

• Farklı alanlarda problem çözme ve karar verme becerisine sahip olma

• Yaratıcı ve yenilikçi olma

Yapay Zekâ Kripto Paraları Düzenleyebilir mi?

Kripto paraların düzenlenmesi, hükümetler, düzenleyici kurumlar ve finansal kuruluşlar tarafından ele alınan karmaşık bir konu. Bu konuda henüz uluslararası bir konsensus oluşmamıştır ve farklı ülkeler farklı yaklaşımlar benimsemekte. Peki YZ, kripto paraların düzenlenmesinde önemli bir rol oynayabilir mi? Terzi kendi söküğünü dikebilir mi?

YZ hukukçuları, kripto paraların hukuki yönlerini hızlı ve etkin bir şekilde analiz edebilir ve bu bilgileri kullanarak kripto paralara ilişkin düzenlemeleri geliştirebilir. Aynı şekilde YZ, disiplinler arası bir yaklaşımı da daha etkin bir şekilde benimseyebilir. Sonuçta kripto paralar, hukuk, teknoloji, ekonomi ve finans gibi farklı disiplinleri ilgilendiren bir konu. YZ, bu farklı disiplinlerden gelen bilgileri bir araya getirerek daha kapsamlı ve bütüncül düzenlemeler geliştirmeye yardımcı olabilir.

Yapay Zekâ: Davos 2024'ün Ana Temalarından Biri

WEF'in küresel risk analizinde, kalıcı bir yaşam pahalılığı krizine ilişkin endişeler, yapay zekâ (YP-AI) kaynaklı yanlış bilgi ve dezenformasyon ile toplumsal kutuplaşmanın iç içe geçmiş risklerinin bu yılın risk görünümünde belirleyici olduğuna vurgu yapıldı. Bu yüzden WEF, bu yıl Davos'ta yapay zekâyı ana temalarından biri yaptı.

Davos'ta düzenlenen forumlarda, "Yapay zekâyı herkesin yararına olacak şekilde nasıl kullanabiliriz? Farklı düzenleyici ortam inovasyonu toplumsal risklerle nasıl dengeliyor? Yapay zekâ, 5/6G, kuantum hesaplama ve biyoteknoloji dâhil olmak üzere diğer dönüştürücü teknolojilerle nasıl arayüz oluşturacak?" sorularına cevaplar aranıyor.

ETF, MATRİX'TEN GELEN AJAN SMİTH Mİ?

Bir bölgeye taşınıyorsunuz ve tüm doğal kaynaklar tükenene kadar çoğalıyorsunuz ve hayatta kalabilmenizin tek yolu başka bir bölgeye yayılmak. Bu gezegende aynı modeli izleyen başka bir organizma daha var. Bunun ne olduğunu biliyor musun? Virüsler...

Ajan Smith, Matrix

Matrix'in ilk bölümünde Neo, Smith'i yendikten sonra Smith program sürgüne gönderilir. Artık makinelerin emirlerinden bağımsızdır ve asıl işlevini yerine getirmesine izin verilir - düzeni sağlamak ve onu tehdit eden herkesi yok etmek. Bu amaçla Smith, ilk filmde temsil ettiği antivirüs programına benzemekten çıkar ve Matris'e yayılan, onu enfekte eden bir virüse dönüşür. Matrix Reloaded'da Smith, Bane adında bir insanın vücuduna Matrix'e bağlıyken girer ve daha sonra Bane'i gerçek dünyaya kaçmak için bir araç olarak kullanır.

Aslında Matrix Reloaded'da Smith özgür bir programdır. Zaten Makineler, Matriks'ten gerçek dünyaya geçebilecek bir şey asla tasarlayamazlardı çünkü filmde daha sonra ortaya çıktığı üzere, bu kadar güçlü bir varlık insanları tehdit ettiği kadar Makineleri de tehdit etmektedir. Bu durum bize Smith'in daha önce neden gerçek dünyaya girmediğini de açıklar. Ayrıca Smith, Matrix serisinin çoğunu diğer programları emerek, klonlar yaratarak ve güçlenerek geçirir. Bu ek etki olmadan neredeyse kesinlikle Bane'i ele geçiremezdi.

Konumuzla ne alakası var?

Finans piyasalarını devasa bir suç mahalli olarak hayal edin. Kanıtlar mı? Sürekli dalgalanan fiyatlar. Dedektifler? Spot piyasalar, vadeli piyasalar ve ETF'ler. Her biri, bir varlığın gerçek değeri olan makul fiyatı ortaya çıkarmaya çalışan ana roller olsun. Bu kurgu, fiyat keşfinin (price discovery) özüdür ve bu finansal araçlar, ipuçlarını arayan tazılardır.

Örneğin petrol emtia piyasalarında fiyat vadeli piyasalarda belirlenir ve bu piyasalardan spot ve ETF piyasası yönlendirilir. Nedensellik vadeli piyasalardan spot ve ETF'e doğrudur. Farklı piyasalarda bu nedenselliğin yönü farklı gelişebilir. Bu yazının da özü burada aslında. Acaba ETF piyasaları Bitcoin spot piyasasını güdebilir mi?

Ekim 2021'de SEC, ProShares Bitcoin Strategy ETF'yi onayladı. Bu, ABD'de onaylanan ilk Bitcoin ETF'si ve yatırımcılar için tarihi bir dönüm noktasıydı. Bitcoin ETF'lerinin onaylanması, kripto para piyasası için birçok olumlu etkiye sahip. Bu fonlar, Bitcoin'e yatırımcı erişimini genişleterek ve likiditeyi artırarak piyasayı daha olgun hâle getirebilir. Ayrıca, Bitcoin'i daha geniş bir yatırımcı kitlesi için kabul edilebilir bir varlık sınıfı hâline getirecek. Başka bir deyişle Bitcoin sanal evrenden konvasiyonel finans piyasalarına entegre olmaya başladı.

Tıpkı Ajan Smith'in Matrix'ten gerçek dünyaya sızması gibi...

Sıfır Noktası: Spot Piyasalar

Spot piyasa, fiyat keşfinin sıfır noktasıdır. Burada, hisse senedi veya petrol varilli gibi bir varlığın fiziksel veya anında teslimatı gerçekleşir. Alıcılar ve satıcılar doğrudan etkileşimde bulunarak, teklifleri ve talepleri o anki fiyatı şekillendirir. Hareketli bir müzayede salonunu düşünün - fiyat, o an piyasa katılımcılarının toplu ruh hâlini yansıtır.

Vadeli İşlemler: Kristal Küreler mi Yoksa Kendini Gerçekleştiren Kehanetler mi?

Vadeli işlem piyasaları işleri bir adım öteye taşır. Belirli bir gelecek tarihte önceden belirlenmiş bir fiyata bir varlığı takas etmeye alıcı ve satıcıları zorunlu kılan sözleşmelerle ilgilenirler. Bu sözleşmeler, esasen varlığın fiyatının o zamanki ne olacağına dair bahislere dönüşür. Vadeli işlem piyasaları, arz kesintileri veya ekonomik değişiklikler gibi gelecekteki olaylar hakkındaki beklentileri mevcut fiyata dâhil ederek geleceğe dönük dedektifler gibidir.

Mahalledeki Yeni Çocuk: ETF'ler

Borsa yatırım fonları (ETF'ler), bireysel hisse senetleri gibi borsalarda işlem gören bir dizi menkul kıymettir. Bir borsa endeksini, bir emtiayı veya hatta belirli bir yatırım stratejisini takip edebilirler. Fiziki teslimata doğrudan dâhil olmasalar da ETF'ler yaratılış ve itfa mekanizmaları yoluyla fiyat keşfini etkileyebilir. Bir ETF, yatırımcı talebini karşılamak için altta yatan varlıkları satın aldığında veya sattığında, spot fiyatı belirli bir yöne doğru itebilir.

Güzellik, bu piyasalar arasındaki etkileşimde yatmaktadır. Spot fiyatları, vadeli işlem sözleşmelerini bilgilendirir, bu da kendi geleceğe dönük doğası gereği spot fiyatları etkileyebilir. Bu sürekli bilgi alışverişi, adil piyasa değerini oluşturmaya yardımcı olur. Ek olarak, finansal piyasaların paralı askerleri olan arbitrajörler sürekli olarak fiyat farklılıkları ararlar. Spot ve vadeli işlem fiyatları arasındaki boşlukları daha ucuz pazardan alıp daha pahalı pazarda satarak ve istismar ederek fiyatları dengeye yaklaştırmaya çalışırlar.

ETF'lerin yükselişi ise hikâyeye yeni bir boyut kattı. Piyasa oyuncuları yüksek likiditelerinin ve işlem hacimlerinin, özellikle hisse senetleri için vadeli işlem piyasalarıyla rekabet edebileceğini savunuyor. Ancak tartışma devam ediyor, bazı çalışmalar ETF'lerin süreci daha da verimli hâle getirebileceğini öne sürüyor.

Bitcoin ETF Onayı ile İlgili Son Gelişmeler

- **16 Mart 2023:** VanEck Bitcoin Strategy ETF, SEC tarafından onaylandı.
- **14 Kasım 2022:** Valkyrie Bitcoin Strategy ETF, SEC tarafından onaylandı.
- **18 Ekim 2022:** Teucrium Bitcoin Futures ETF, SEC tarafından onaylandı.
- **19 Ekim 2021:** ProShares Bitcoin Strategy ETF, ABD'de onaylanan ilk Bitcoin ETF'si oldu.

Spot, vadeli ve ETF'ler izole bir şekilde çalışmazlar. Bir varlığın gerçek değerini ortaya çıkarmada her biri farklı bir rol oynayan bir takım olarak işlev görürler. Spot piyasa size mevcut nabzı verir, vadeli işlem piyasaları geleceğe bakar ve ETF'ler, piyasanın en büyük gizemini çözmek için sürekli olarak fiyat keşif sürecini rafine eden kolaylaştırıcılar olarak hareket eder.

YAPAY ZEKÂ ÇIKMAZI: Evrimleşen Emek Piyasası, Yeşil Sorunlar ve Kripto Para Kurumlarının Fark Yarata(maya)n Etkisi

Duyduğum bir kurt mu,
Yoksa kendini beğenmiş ve itaatkâr
Bir köpeğin havlaması mı?
Yalnız bir iletişimle uluyan,
Kontrolsüz yıldızlarla konuşan...

Hangi gururdan, tek olandan,
Bir alet yaratmak için mi?
Bükülerek ve işkence ederek,
Binlerce yıl?

Ruhtan ruha mesafeyi nasıl ölçeriz?
Ve suçu kime yükleriz?
"Quellcrist Falconer, Şiirler ve Diğer Abartmalar"

Değiştirilmiş Karbon, Richard K. Morgan

Yapay zekâ (YZ) hızla gelişiyor ve her geçen gün kendini aşarak ilerliyor. Ancak vadettiği gelecek belirsizliklerle dolu. Yapay zekâ kitlesel işsizliğe mi yol açacak, yoksa keşfedilmemiş fırsatlar ve bugün var olmayan işler için gerekli becerilerle dolu yeni bir kapitalizm çağını mı müjdeleyecek? Cevap büyük ihtimalle ikisi arasında bir yerde olacak.

Kesin olan bir şey var: Bu devrimi gerçekleştiren yapay zekâ çiplerini üreten şirketler şimdiden Nasdaq'a hâkim durumda. Bu, büyüme potansiyelinin bir kanıtı. Ancak bu ilerleme ağır bir bedeli beraberinde getiriyor. John Elkington'ın yüksek derecede etkili ve öngörülemez olaylara hazırlanmaya odaklanan Yeşil Kuğu yaklaşımı umut verici olsa da yapay zekânın bitmek bilmeyen enerji ve su tüketimi, Yeşil Kuğu yaklaşımının ele almak istediği iklim krizini daha da kötüleştirebilir.

Karmaşık Bir Ağ

Yapay zekâ, hayatımızın birçok alanında köklü değişimlere yol açıyor. Bazı işlerin yerini alacağından şüphe yok. Fakat tarih bize gösteriyor ki yeni iş imkânları da ortaya çıkacak. Asıl zorluk, bu değişimin beraberinde getireceği devasa beceri dönüşümünde yatıyor. Eğitim sistemlerinin bu değişime ayak uydurması ve işgücünü, henüz var olmayan işlerde de başarılı olabilecekleri araçlarla donatması gerekiyor. Bu sayede, yapay zekâ patlaması ekonomik büyümeyi hızlandırabilir. Ancak, YZ'nın getirdiği bir diğer sorun da enerji tüketimi. Artan veri işleme ve hesaplama ihtiyacı, ciddi sürdürülebilirlik sorunlarına yol açıyor. Peki, karbon vergileri tek başına bu sorunu çözebilir ve iklim değişikliğinin önüne geçebilir mi? Büyük ihtimalle hayır. Bu noktada, yenilenebilir enerji kaynaklarına yatırım yapmak ve enerji açısından verimli yapay zekâ geliştirmek kritik önem taşıyor. Ayrıca, YZ'nın çevresel etkilerini değerlendiren ve sürdürülebilirlik ilkelerine uygun şekilde geliştirilmesini sağlayan etik çerçeveler oluşturmak da gerekiyor.

YZ ve iklim değişikliği, ilk bakışta birbiriyle çelişen iki olgu gibi görünse de bazı ortak noktalara da sahip:

- **Her ikisi de karmaşık ve çok boyutlu problemlerdir.** Teknolojik çözümler ve politik adımların yanı sıra, bireysel davranış değişiklikleri ve küresel iş birliği de gerektiriyor.
- **Her ikisi de insanlığın geleceği için büyük bir tehdit oluşturuyor.** İklim değişikliğinin sonuçları şimdiden hissedilmeye başlandı ve AI'nın kontrolsüz kullanımı öngörülemeyen sonuçlara yol açabilir.
- **Her ikisi de yenilikçi çözümler ve yaratıcı düşünme gerektirir.** Bu sorunların üstesinden gelmek için, statükodan kopmak ve yeni bakış açılarına açık olmak gerekiyor.

Kripto Para Kurumlarının Fark Yaratan Etkisi: Sorun Karmaşık

Kripto paraların geleneksel finans sistemine entegrasyonu, yepyeni bir karmaşıklık katmanı ekliyor. Bu durum, merkez bankalarının para politikası araçlarının etkinliğini azaltarak, ülkelerin ve küresel toplumun iklim değişikliğiyle mücadele çabalarını sekteye uğratabilir.

Merkez bankaları, faiz oranlarını ve para arzını manipüle ederek ekonominin gidişatını yönlendirmek için para politikası araçlarını kullanır. Bu araçlar, yeşil yatırımları teşvik etmek ve sera gazı emisyonlarını caydırmak için de kullanılabilir. Örneğin yenilenebilir enerji projelerine kredi sağlamak veya fosil yakıtlara uygulanan vergileri artırmak için düşük faiz oranları ve nicel genişleme politikaları kullanılabilir.

Ancak, kripto paraların yükselişi, merkez bankalarının para politikası üzerindeki kontrolünü zayıflatabilir. Kripto paralar merkezi olmayan sistemler aracılığıyla işlemler yapar ve devletlerin kontrolüne tabi değildir. Bu durum, merkez bankalarının para arzını ve faiz oranlarını yönetme yeteneğini sınırlayabilir ve para politikası araçlarının etkinliğini azaltabilir.

Zayıflayan bir merkez bankası araç seti, iklim değişikliğiyle mücadelede önemli bir engel teşkil edebilir. Hükümetler, yeşil yatırımları teşvik etmek ve emisyonları azaltmak için para politikasına önemli ölçüde güvenmektedir. Kripto paraların entegrasyonu bu araçların etkinliğini azaltırsa, hükümetlerin iklim hedeflerine ulaşması zorlaşabilir.

Sorun karmaşık ve tek bir çözümü yok. Kripto paraların potansiyel faydaları göz ardı edilemez. Örneğin, finansal katılımı artırma ve uluslararası ödemeleri kolaylaştırma potansiyeline sahipler. Ancak, kripto paraların (-ki kripto madenciliğinin tükettiği enerji de azımsanmayacak kadar yüksek) entegrasyonunun merkez bankaları üzerindeki etkisini ve iklim değişikliğiyle mücadeleye olan etkilerini dikkatlice değerlendirmek önemli.

Fırtınadaki Sinerji

Görünüşte aşılması zorlu olan bu zorluklara rağmen, bir umut ışığı var. YZ kendisi bu bilinmeyen sulara yolculuk ederken güçlü bir araç olabilir. YZ destekli öğrenme platformları, eğitimi ve öğretimi kişiselleştirerek işgücünü yapay zekâ ile yönetilen gelecek için gerekli becerilerle donatarak güçlendirebilir. Elektrik şebekelerini optimize edebilir, aşırı hava olaylarını tahmin edip hafifletebilir (tıpkı Yeşil Kuğu yaklaşımında olduğu gibi) ve hatta daha verimli yapay zekâ sistemleri tasarlayarak sürdürülebilirlik döngüsünü harekete geçirebilir. An itibari ile iş dünyasının geleceği karmaşık bir denklem. Büyük çatışmalar, yer değiştirmeler ve kaynak sıkıntıları yaşanması olası. Ancak öngörü, eğitime yatırım, sürdürülebilir uygulamalar ve kripto paraların değişen rolüne dikkat kesilerek, YZ'nın gücünden faydalanarak bu haritasız bölgede yolumuzu bulabilir hem refahın hem de çevresel sorumluluğun hâkim olduğu bir dönemi başlatabiliriz.

Not: Umarım John Connor bu yazıyı okumuyordur 😊

YERALTI KALEMİNDEN DİJİTAL DÜNYAYA: Underground Grafik Roman ve Kripto Paraların Benzer Hikâyesi

Tarihi aktarmaktaki en son bağlantımızın çizgi romanlar olduğuna inanıyorum. Mısırlılar duvarlara resim çiziyordu. Dünyadaki birçok ülke hâlâ bilgiyi resimli anlatım yoluyla aktarıyor. Bence çizgi romanlar bir tarih biçimidir

Elijah Price (Samuel L. Jackson), Unbreakable Filmi (2000)

Kabul ediyorum, bu seferki yazım bir çoklarınıza fazla "geek" ve kurgusal gelebilir ve fakat yine de satırlarıma devam edeceğim.

Yeraltı (underground) çizgi roman ve kripto paralar, ilk bakışta birbiriyle alakasız gibi görünseler de alt kültür, muhalefet, yenilikçilik, yaratıcılık ve toplumsal olaylar gibi ortak temalar etrafında ilginç bir benzerlik sunarlar. Bu yazımda, her iki alanın da bu temalar bağlamında nasıl geliştiğini ve birbirleriyle nasıl etkileşime girdiği hakkında bir fikir jimnastiği yapmak ve yaptırmak niyetindeyim.

Alt Kültürün Gücü ve Bağımsızlığın Rüzgârı:

Hem underground çizgi romanlar hem de kripto paralar, ana akım kültürden ve kurumlardan bağımsız olarak gelişen alt kültürlerle ilişkilendirilir. Underground çizgi romanlar, 1960'larda ve 1970'lerde, geleneksel çizgi romanların sansürüne ve ticari kısıtlamalarına tepki olarak ortaya çıktı. Bu çizgi romanlar, genellikle marjinal konuları ve alternatif yaşam tarzlarını ele alarak, ana akımın reddettiği seslere ve bakış açılarına platform sağladı.

Yenilikçiliğin Öncüleri ve Sınırların Yıkılışı:

Burada hareketle yavaş yavaş iki alanı birbirine yaklaştırmaya başlayalım. Hem underground çizgi romanlar hem de kripto paralar, mevcut statükoya karşı muhalefet ve direniş unsurlarıyla ilişkilendirilebilir. Underground çizgi romanlar, Vietnam Savaşı, ırkçılık ve cinsiyet eşitsizliği gibi sosyal ve politik meseleleri ele almak için sıklıkla kullanılmıştır. Bu çizgi romanlar, mevcut düzene karşı eleştirel bakış açıları sunarak ve alternatif vizyonlar önererek, değişim ve aktivizmi teşvik etmiştir. Hem underground çizgi romanlar hem de kripto paralar, yenilikçi ve deneysel yaklaşımlarıyla bilinir. Underground çizgi romanlar, anlatı teknikleri, sanat tarzları ve içerik konularında sınırları zorlamıştır. Bu çizgi romanlar, çizgi roman sanatının geleneksel formlarını yıkarak yeni anlatı tarzları ve görsel estetikler geliştirmiştir. Hatta bu dönemlerde grafik roman kavramı da gelişerek çizgi roman şemsiyesi altında ayrı bir janrın oluşmasını sağladı. Kısaca, grafik romanlar, yetişkinlere yönelik olgun içerikleri ve karmaşık anlatılarıyla popüler çizgi romanlardan ayrılır. Bu eserler, fantastik, bilim kurgu, tarih, biyografi, roman ve hatta mizah gibi çeşitli türlerde bulunabilir. Bazı popüler grafik roman örnekleri arasında Alan Moore ve Dave Gibbons'ın "Watchmen", Art Spiegelman'ın "Maus" ve Neil Gaiman'ın "The Sandman" yer alır.

Yaratıcılığın Platformu ve Özgür İfadenin Gücü

Hem underground çizgi romanların hem de kripto paraların, yaratıcı ifade ve özgünlük için platform sunduklarını iddia edersek yanlış olmaz kanaatindeyim. Underground çizgi romanlar, geleneksel çizgi roman endüstrisinin sınırlamalarından ve sansüründen bağımsız olarak sanatçıların özgürce ifadelerine olanak sağlarken bu janr, yeni hikâyeler, karakterler ve görsel stiller ortaya çıkararak çizgi roman sanatının sınırlarını genişletmiştir.

Konuyu başka bir boyutu ile de ele alırsak hem underground çizgi romanlar hem de kripto paralar, önemli toplumsal olaylardan etkilenmiş ve bu olayları yansıtmıştır. Underground çizgi romanlar, Vietnam Savaşı, sivil haklar hareketi ve punk rock akımı gibi 1960'ların ve 1970'lerin önemli sosyal ve politik olaylarından etkilenmiştir. Bu çizgi romanlar, bu olaylara dair keskin bakış açıları sunarak, o dönemin ruhunu ve atmosferini yansıtmıştır. Kripto paralar, son yıllarda oldukça hızlı bir şekilde yükselerek, finansal sistemde önemli bir değişimin önünü açmıştır. Merkezi olmayan ve anonim yapısıyla geleneksel finansal sisteme alternatif bir model sunan kripto paralar, finansal özgürlük ve eşitlik arayan bireyleri ve grupları cezbetmektedir.

Frank Miller ve Todd McFarlane'nin Çizgi Roman Piyasasını Dönüştürücü Etkisi ile Satoshi'nin Finansal Sistemi Dönüştürüşü Arasındaki Bağlantı

Frank Miller ve Todd McFarlane, 1980'lerde çizgi roman piyasasını dönüştüren iki önemli sanatçıdır. Satoshi Nakamoto ise Bitcoin'i yaratarak finansal sistemi dönüştürmeye çalışan gizemli bir kişidir. Bu üç figürün eserleri arasındaki bağlantıları ve her birinin nasıl dönüştürücü bir etkiye sahip olduğuna bir bakalım.

Frank Miller:

• **Yenilikçi ve karanlık hikâyeler:** Miller, "Batman: The Dark Knight Returns" ve "Sin City" gibi eserleriyle çizgi romanlarda daha yetişkin ve karanlık hikâyeler anlatma trendini başlattı. Bu eserler, çizgi romanların yalnızca çocuklar için olmadığını ve yetişkinlere hitap edebilecek karmaşık hikâyeler anlatabileceklerini gösterdi.

• **Daha olgun görsel tarz:** Miller, çizgi romanlarda daha olgun ve gerçekçi bir görsel tarz geliştirdi. Karakterleri daha anatomik açıdan doğruydu ve arka planları daha ayrıntılıydı. Bu tarz, çizgi romanların yalnızca basit çizimlerden ibaret olmadığını ve görsel sanatın güçlü bir aracı olabileceğini gösterdi.

• **Bağımsız çizgi romanların yükselişi:** Miller, "Sin City" gibi eserlerini kendi yayınevi aracılığıyla yayınlayarak bağımsız çizgi romanların yükselişine katkıda bulundu. Bu, sanatçıların ana akım yayıncılara bağımlı kalmadan kendi vizyonlarını takip etmelerini sağladı.

Todd McFarlane:

• **Süper kahramanların yeniden tasarımı:** McFarlane, "Spawn" gibi eserleriyle süper kahramanları yeniden tasarladı. Karakterleri daha kaslı ve daha az geleneksel çizgi roman kahramanı gibiydi. Bu tarz, süper kahramanların daha modern ve çekici görünmesini sağladı.

• **Sanatçılara daha fazla kontrol:** McFarlane, "Spawn"i kendi yayınevi aracılığıyla yayınlayarak sanatçılara eserleri üzerinde daha fazla kontrol sağladı. Bu, sanatçıların ana akım yayıncıların sansürüne maruz kalmadan kendi vizyonlarını takip etmelerini sağladı.

• **Collectible figürlerin popülerleşmesi:** McFarlane, "Spawn" karakterinin koleksiyon figürlerini yaratarak koleksiyon figürlerin popülerleşmesine katkıda bulundu. Bu figürler, hayranların sevdikleri karakterleri evlerinde sergilemelerini sağladı. Bitcoin ve kripto paraların gelişmesi ile NFT ve tokenlaştırmanın ne seviyelere geldiğini ve nasıl yaygınlaştığını hepimiz yakında takip ediyoruz.

Satoshi Nakamoto:

• **Merkeziyetsiz para sistemi:** Nakamoto, Bitcoin'i yaratarak merkezi olmayan bir para sistemi yarattı. Bu sistem, geleneksel bankalara ve hükümetlere olan bağımlılığı ortadan kaldırdı ve bireylere paraları üzerinde daha fazla kontrol sağladı.

• **Şeffaflık ve güvenlik:** Bitcoin, blokzincir teknolojisini kullanarak şeffaf ve güvenli bir para sistemi yarattı. Bu teknoloji, tüm işlemlerin halka açık bir defterde kaydedilmesini sağlayarak dolandırıcılık ve yolsuzluğu önlemeye yardımcı olur.

• **Finansal sistemin demokratikleşmesi:** Bitcoin, finansal sisteme erişimi demokratikleştirme potansiyeline sahiptir. Dünyadaki herkesin bankaya ihtiyaç duymadan para gönderebilmesini ve alabilmesini sağlayabilir.

Sonuç olarak Miller ve McFarlane'nin çalışmaları, tıpkı Satoshi'nin çalışmaları gibi, mevcut sistemlere karşı bir alternatif sunar. Miller, çizgi romanlarda daha yetişkin ve karanlık hikâyeler anlatarak geleneksel çizgi roman anlayışını zorladı. McFarlane, süper kahramanları yeniden tasarlayarak ve sanatçılara eserleri üzerinde daha fazla kontrol sağlayarak çizgi roman endüstrisini dönüştürdü. Satoshi ise Bitcoin'i yaratarak geleneksel finansal sisteme karşı bir alternatif yarattı.

Her üç figürün de çalışmaları, toplumun nasıl işlediği ve insanlar arasındaki ilişkiler hakkında yeni düşünme şekilleri açtı. Miller ve McFarlane, çizgi romanların yalnızca çocuklar için olmadığını ve yetişkinlere hitap edebilecek karmaşık hikâyeler anlatabileceklerini gösterdi. Satoshi ise geleneksel finansal sistemin kusurlarını ortaya koydu ve daha adil ve şeffaf bir sistemin mümkün olduğunu gösterdi.

NOTLAR

NOTLAR

www.ingramcontent.com/pod-product-compliance
Lightning Source LLC
Chambersburg PA
CBHW031328230926
51848CB00001B/134
9786259704012